홀리건과 벌컨

홀리건과 벌컨

1판 1쇄 인쇄 2026년 3월 20일
1판 1쇄 발행 2026년 3월 27일

지은이 장훈
발행인 권정민
편 집 이준영
디자인 박신영
마케팅 김지연
발행처 어티피컬
등 록 2022년 3월 28일(제 2022-000025호)
주 소 (우)04313 서울시 용산구 청파로45길 34(청파동)
이메일 atypical.book@gmail.com
웹사이트 www.atypical.kr
ISBN 979-11-995086-2-0 (03340)

정치학자 장훈
타협의 가치를 말하다

훌리건과 벌컨

Hooligans and Vulcans

apoint

추천의 글

김명자
KAIST 이사장, 전 환경부 장관

세상을 살면 살수록 인연의 소중함을 절감합니다. 사회과학자도 아니고 정치학자는 더더욱 아닌 과학자 출신의 필자가 정통 정치학자 장훈 교수의 시대 정신을 일깨우는 저서에 추천사를 쓰고 있으니, 이 또한 인연이 작용한 이치가 아니고 무엇일까요. 장훈 교수와는 오랜 세월에 걸친 그의 품격 있는 기명 칼럼과 ㈜서울국제포럼 회원으로 아는 사이였지만, 2020년 2월부터 필자가 포럼의 회장을 맡게 되면서 3년 사이에 30년 이상의 신뢰를 쌓는 사이가 됐습니다.

어울리지 않게 이홍구 전 총리와 한승주 전 외무부 장관 두 분의 간곡한 요청에 외교·안보 분야 싱크 탱크의 책임을 맡게 되면서, 가장 큰 도움을 받은 분은 풍산그룹 류진 회장, 그리고 장훈 교수였습니다. 새로운 프로그램을 기획하며 우리는 한 치의 이견도 없이 뜻이 맞았고, 그렇게 든든한 동지가 됐습니다.

무엇보다도 장 교수는 사물을 보는 눈에 치우침이 없었고, 이런저런 측면을 두루 아우르는 그의 품성은 부드러우면서도 명석했고, 언행은 늘 믿음직했습니다. 그를 아는 사람으로서 그가 정치 지도자의 덕목으로 '품성'을 꼽고 '타협과 공존'을 강조하는 것은 지극히 당연해 보입니다.

저자는 한국의 민주주의가 타협의 정신에서 출발했음을 지적하면서, 1987년 봄, 민주화 운동의 거대한 물결을 이끌던 김대중, 김영삼 두 지도자의 '민주주의 원칙(타협)'을 상기시킵니다. 민주화 세력 내부의 격렬한 반대를 무릅쓰고 군부 세력의 절충안인 6·29 선언을 수용한 협상을 통해 대통령 직선제 개헌을 하고 경제·사회 질서를 바로잡는 민주화로 나아갈 수 있었다는 그의 말에 동의합니다.

필자는 비정치인이었으나 행정부와 국회로 들어가 정치를 바라볼 기회가 있었습니다. 바로 김영삼 대통령과 김대중 대통령 시절, 10인의 국가과학기술자문위원 중 홍일점으로 보고를 드리다가 1999년 '국민의 정부' 환경부 장관으로 임명되어 김대중 대통령과 임기(2003. 2.)를 같이 하게 됐고, 이후 국회의원 비례대표가 됐습니다. "정치는 왜 이리 혼란스러울까", 신문의 정치면도 잘 읽지 않던 정치 냉담자가 돌연 장관이 된 터에 최우수 부처 평가에 최장수장관이 됐습니다. 당시 IMF 경제위기에서 헤어나지 못한 상황이라 하루도 긴장을 풀 날이 없었고, 늘 조심스러웠으며, 정부는 때때로 부당한 비판까지 감수해야 했습니다.

김대중 대통령 리더십에서 가장 인상 깊은 대목은 인사에서부터 화합을 실천했다는 것입니다. 김종필 총리와의 진보-보수 연합으로 내각의 절반을 양보했고, 비서실장에 노태우 정부 정무수석인 김중권 전 민정당 소속 3선 국회의원을 임명하는 등등 탕평인사를 했습니다. 40여 년의 망명과 가택연금, 다섯 번의 죽을 고비(1980년 사형선고)와 6년간 감옥살이 등 생사를 넘나드는 억압과 고통의 세월을 뒤로 하고, 대통령의 권좌에서 정적을 용서하고 화해하며 통합에 진력한다는 것이 결코 쉬운 일일 수 없습니다.

《훌리건과 벌컨》에서 저자는 두 대통령의 탄핵을 다루고 있습니다. 필자는 2004년 1월 열린우리당에 입당하게 되면서, 3월에 국회의 노무현 대통령 탄핵소추안 가결과 5월에 헌법재판소의 탄핵소추안 기각을 목격했습니다. 그즈음 예상치 않게 2004년 4월에 치러진 17대 총선에서 당의 공동선거대책위원장을 맡게 됐습니다. 열린우리당은 299석 중 152석(선거 이전에는 47석)을 얻어, 1987년 민주화 이후 최초로 선거에서 집권당이 국회 과반수 의석을 차지하는 기록을 세웠습니다. 152명 중 108명이 초선이었는데, 그들의 활발한(?) 활동을 빗대어 '108 번뇌'라는 말도 있었습니다.

4년간 국방위원회에서 일한 탓에 정치에 매몰되지는 않았지만, 대학 캠퍼스에서 여의도로 자리를 바꾸고 보니 정치에서는 효율성, 합리성, 책임성이 설 자리가 없다고 느꼈습니다. 전국에서 온갖 갈등 이슈가 다 몰려들고 이해관계가 대립하는 상황에서 조정과 협상 능력이 턱없이 부족하다고 느꼈습니다. 정치인이 못된 사람으로서 정치를 바라본 입장에서, 권력무상權力無常이니 권좌에서의 근신謹慎이 주요 덕목임을 깨달은 것이 교훈이었다고 할까요.

　사반세기 전보다 오늘날의 세상은 훨씬 더 복합적이고 불확실성이 큽니다. 무엇보다도 세상이 4차 산업혁명과 디지털 경제로 초연결된 거대 공동체로 진화해서, 상호의존성이 매우 크고 빈부격차 갈등이 갈수록 심해지고 있습니다. 소셜미디어의 충격적 영향권에서 사회는 확증편향에 의해 분열됐습니다. 팬덤fandom의 의미는 왜곡되어 누구를 좋아하는 것이 아니라 자신과 생각이 다른 정치집단을 혐오하고 적대시하는 '부족전쟁' 정치판이 돼버렸습니다. 극단의 사회분열 상태로 어떻게 공동의 가치와 비전을 향해 함께 나아갈 수 있을까요.《훌리건과 벌컨》에서 장 교수는 영국과 프랑스의 정당정치를 연구한 전문가답게 시대 변화와 시대 정신을 폭넓게 다루고 있습니다.
　여기서 미국의 역대 대통령 리더십 평가의 사례가 시사적입니다. 정치 지도자의 공과功過에 대한 평가는 시기에 따라,

평가기관과 정치적 견해에 따라 달라질 수 있습니다. 《훌리건과 벌컨》에서 저자는 최근의 바이든과 트럼프 대통령을 다루었습니다. 18세기부터의 미국 대통령 평가를 보면, 공공 리더십의 전형典型으로 부동의 3인이 꼽히고 있습니다. 도덕성과 공공성에서 '대통령다운 대통령' 조지 워싱턴, 19세기 중반 '극단적 분열로부터 통합'을 일군 에이브러햄 링컨, '대공황과 제2차 세계대전의 위기관리'로 역사에 길이 남은 프랭클린 루스벨트; 그들은 경제·외교·사회통합에서의 비전과 도덕적 권위로 불멸의 존재가 됨으로써 시공간을 관통하는 정치 지도자의 덕목을 보여주고 있습니다.

1983년 장훈 교수는 한국고등교육재단에서 함동주 이화여대 교수를 각각 동양학 장학생과 해외 유학 장학생으로 만나 40여 년을 동고동락同苦同樂하고 있습니다. 장 교수가 정년보다 이르게 교수직을 퇴임하게 됐을 때, 필자는 마치 혈육의 일처럼 상당 기간 가슴 아픈 시간을 보냈습니다. 그러다 떠오른 생각이 그동안 쓴 장훈 칼럼 시리즈를 다시 엮어 책으로 펴내는 일이었습니다. 오늘날의 정치 현실에서 그의 소중한 메시지를 전파하는 것은 매우 의미 있는 작업이라고 믿었기 때문입니다. 선뜻 응하지 않던 장 교수는 결국 마음을 돌렸습니다.

다음 단계는 이 작업의 의미를 이해해줄 출판인을 찾는 일이었습니다. 여기서도 인연이라, 필자가 회장을 맡고 있는 '김재관 박사 기념사업회' 흉상 제막식에서 그 귀인을 만났습니다. 《뮌헨에서 시작된 대한민국의 기적》(2022년)을 기획하여 김재관 박사의 숨은 공로를 세상에 알려 대한민국과학기술유공자 선정을 비롯해 큰 사회적 반향을 일으키게 한 주인공, 어티피컬 출판의 권정민 대표였습니다. 그 만남으로 해서 《홀리건과 벌컨》 발간은 예상보다 훨씬 빠른 속도로 진행됐습니다. 얼마나 고맙고 기쁜지 모릅니다.

자랑스러운 대한민국을 위해 우리 정치권은 서로 대화하고 타협하는 포용의 리더십을 발휘해야 합니다. 초당적 협의를 통해 분열을 극복하고 국민 신뢰 회복에 나서야 합니다. 국민의 놀라운 저력을 결집해 사회적 병폐를 극복하고 통합을 일구어 새로운 기적을 창출해야 합니다. 장훈 교수의 《홀리건과 벌컨》은 그 길잡이가 되는 '지혜의 샘'이라고 감히 확신합니다. 장훈 교수의 혜안과 품격 있는 메시지가 우리 정치를 바꾸고, 정치에 대한 실망으로 냉담층이 되어버린 시민들의 개입으로 여야의 '원시적 부족전쟁'이 종결되기를 간절히 바랍니다.

김은미

서울대학교 언론정보학과 교수

저와 장훈 교수님은 가깝다고 하기에도, 가깝지 않다고 하기에도 애매할 수 있는 흔하디 흔한 선후배 사이입니다. 그럼에도 불구하고 추천사 쓰기를 1초도 망설이지 않았습니다. 저는 이미 장 교수님 칼럼의 광팬이고, 전통적인 신문 칼럼의 독자 수가 줄어 영향력이 줄어든다 할지라도 시대 정신을 품은 메시지들을 지속적으로 내는 작업은 공동체를 위해 의미가 있다고 믿기 때문입니다.

장 교수님을 접해보신 분들은 누구나 그의 온화한 명석함과 넉넉한 품새를 느낄 수 있습니다. 더욱이 그는 정치학의 정신을 몸소 실천해왔습니다. 스스로 자신이 할 수 있고, 해야 할 일이라면 빛이 나든 그렇지 않든 묵묵히 앞장서는 좋은 시민이자 믿음직한 동료입니다. 그의 글은 딱 그를 닮았습니다.

이 책의 첫 독자가 되어서 기뻤습니다. 이 책은 그동안 기고한 칼럼을 기본 재료로 삼고 있지만, 모아서 배열하고 새로운 메시지들이 들어가면서 하나의 목소리를 들려줍니다. 챕터들을 모두 한 자리에서 일필휘지 써내려간 것처럼 일관된 메시지를 한국 사회에 던지고 있습니다. 현재 우리 공동체의 모습을 진단하는 현장성이 살아 있으면서도, 시대를 관통하는 사회과학자의 문제의식이 글 전체를 관통합니다. 정치학자의 저술임에도 교양 독자를 위해 세심히 다듬어진 덕분에, 난해한 이론 더미에 매몰되지 않고 동시대의 맥박을 짚어내는 저자의 생생한 시선을 마주할 수 있습니다.

이 책은 가르치지 않습니다. 그저 웃으며 손짓하듯 우리에게 따라오라고 가만히 리드합니다. 무거울 수도 있는 사회과학적 담론이지만 긴장을 늦추는 지적 여유가 있습니다. 날카로우면서도 상황을 부드럽게 풍자하는 격조 높고 친근한 표현들이 가득하기 때문입니다. 읽는 재미가 있습니다. 저도 가끔은 칼럼을 기고하는 사람으로서 착착 감기는 찰진 표현들을 넘치지도 모자라지도 않게 구사하는 그의 재주가 몹시 부럽습니다. 깊이 있는 분석이지만 경쾌한 통찰이 시간 가는 줄 모르게 읽게 만듭니다. '정당이 납치된다.' '훌리건, 호빗, 그리고 벌컨'. '부족전쟁'. 세련된 글쓰기입니다. 여유로운 장 교수의 품성 그대로입니다.

그의 정치학은 저의 전공인 커뮤니케이션학을 넘나듭니다. 이 시대 소통의 문제, 미디어 기술이 고도로 발달했으나 오히려 정치적 소통을 퇴행시키고 있는 문제를 정면으로 마주합니다. 그래서 커뮤니케이션의 위기와 정치의 실종을 넘나들며 이 시대를 진단하고 나아가 해법을 제안합니다. 사회과학자는 이미 발생한 현상들을 설명하는 뒷북만 친다는 고정관념과 달리 무너진 민주주의를 재건하기 위해 우리가 지금 당장 해야 할 일들을 해법으로 제시합니다.

"86세대가 사회를 주도하면서 대한민국에는 좋은 일보다는 나쁜 일들이 더 많아졌다는 점을 부인하기 어렵습니다." 86세대의 일원인 저 역시 n분의 1의 책임감을 느끼며 찔끔합니다. 하지만 이 책은 그 책임감을 떨치는 법도 일깨워줍니다. 침묵의 나선을 깨고 내가 서있는 자리에서 '벌컨'이 되기를 실천하라고 말입니다.

"지금의 광적인 부족전쟁과 정치혐오에 동요하지 않고 묵묵히 자신의 삶을 지탱하며 이성의 끈을 놓지 않는 여러분이 바로 희망의 근거입니다. (…) 논리적 사유를, 파괴적 대결이 아닌 생산적 협치를 꿈꾸는 시민들에게 이 책을 바칩니다."

이 책은 한 시대를 통과하는 지식인의 간절한 기록으로 길이 사랑받을 것입니다.

머리말

　정치학자로서 한국 정치를 분석하는 일을 생업으로 삼아
오면서 제 마음 속에는 늘 기대와 우려, 그리고 희망과 비관이
함께 하곤 했습니다. 20대 청년 시절에 겪은 6월 항쟁과 6·29
선언은 희망의 순간들이었습니다. 반면에 1997년의 외환위기
와 민주화 이후의 양극화는 우울한 우리들의 초상화였습니다.

　힘겹게 그리고 조심스레 열었던 민주주의가 30여 년 만에
길을 잃고 비틀거리고 있습니다. 최근 들어 희망과 비관 사이
의 균형이 무너지고, 우리 정치를 바라보는 심정은 무력감과
서글픔입니다. 《홀리건과 벌컨》은 무너져가는 우리 민주정치
의 좌표를 진단하고 다시금 타협과 공존의 민주주의로 돌아가
기 위한 길을 살펴보는, 이런저런 생각들을 모은 기록입니다.

　오늘날 우리 정치는 이른바 홀리건Hooligan들의 함성에 점
령당했습니다. 정치철학자 제임스 브레넌의 비유를 빌리자면,

한국의 정당정치는 극단적 당파성에 매몰되어 폭력과 혐오를 서슴지 않는 훌리건들이 주도하고 있습니다. 정치에 무심하거나 대세에 휩쓸리는 호빗Hobbit들은 이들의 선동에 노출되어 있습니다. 반면 감정을 억제하고 이성과 논리를 바탕으로 합리적인 판단을 내리는 시민들 즉 벌컨Vulcan들은 소란스러운 정치판에서 설 자리를 잃고 침묵 속에 갇혀버렸습니다.

정당의 납치와 부족전쟁의 시대

가장 뼈아픈 현실은 정당이 납치되었다는 사실입니다. 민주당과 국민의힘, 거대 양당은 이제 건전한 공론의 장이 아니라 극단적 포퓰리즘과 강성 팬덤에 의해 포획되었습니다. 공적 절차와 숙의는 사라지고 좌표 찍기와 문자폭탄이 그 자리를 대신하고 있습니다. 타협과 공존이 사라진 곳에 남은 것은 권력을 독점하기 위한 처절한 싸움, 즉 원시적인 부족전쟁뿐입니다. 상대 진영을 절멸시켜야 할 적폐로 규정하는 이 전쟁 속에서 민주주의는 질식하고 있습니다.

우리는 1987년 6월의 뜨거웠던 함성을 기억합니다. 당시 군부 세력과 민주화 세력은 극단적 대결 대신 6·29 선언을 중심으로 한 타협을 통해 민주주의의 문을 열었습니다. 김영삼, 김대중 두 거목은 지지층의 반발을 무릅쓰고 대화와 협상을 이끌었습니다. 그해 민주주의의 문이 활짝 열린 것은 바로 민주주의의 핵심인 타협과 협상이라는 열쇠를 통해서였습니다. 그러나 지금 여의도에는 타협의 정신이 실종되었습니다. 산업화 시대의 유산에 갇힌 보수 엘리트들의 권위주의와 도덕적 명분을 내세우지만 윤리적 모순에 빠진 586 민주화 세력의 권력 서사는 모두 붕괴했습니다. 게다가 디지털 알고리즘이 만들어낸 필터 버블은 시민들을 확증편향의 감옥에 가두어 서로 다른 목소리를 들을 기회조차 차단하고 있습니다.

다시, 타협의 길을 묻다

그렇다면 우리는 어디서부터 다시 시작해야 할까요. 저는 이 책을 통해 무너진 시스템을 복원할 몇 가지 대안들을 제안하고자 합니다.

첫째, 다가오는 87년 체제 40주년을 맞아 보수와 진보를 아우르는 역사적 대타협이 필요합니다. 정치의 전면적인 재구성을 위한 사회적인 협약을 통해 승자독식의 낡은 틀을 바꿔야 합니다. 둘째, 시민과 대표자들은 민주주의를 운영하는 두 엔진이지만 우리 정치에서 시민의 역할은 너무 위축되어 있습니다. 시민들, 벌컨 시민들이 민주주의의 보루의 위치를 되찾아야 합니다. 이를 위한 제도 개혁과 의식의 변화가 반드시 이뤄져야 합니다. 셋째, 기성 거대 정당들의 독과점을 해체하고 새로운 정당의 진입이 용이하도록 법과 제도를 정비해야 합니다. 거대 정당들의 독과점을 뒷받침하는 정당법과 정치자금법을 전면적으로 바꾸어야 합니다.

침묵하는 벌컨들을 위하여

어둠이 깊을수록 새벽이 가깝다고 했습니다. 저는 여전히 우리 사회 곳곳에 숨 쉬고 있는 합리적 시민들, 벌컨들의 힘을 믿습니다. 지금의 광적인 부족전쟁과 정치 혐오에 동요하지 않고 묵묵히 자신의 삶을 지탱하며 이성의 끈을 놓지 않는 여러분이 바로 희망의 근거입니다.

이 책은 단순히 정치권에 대한 비판서가 아닙니다. 훌리건들의 선동에 휘둘리지 않고 냉철한 이성과 따뜻한 가슴으로 타협의 가치를 복원하자는 제안입니다. 감정적 쏠림이 아닌 논리적 사유를, 파괴적 대결이 아닌 생산적 협치를 꿈꾸는 시민들에게 이 책을 바칩니다.

소란스러운 광장의 소음을 뒤로 하고 차분하게 함께 고민하고 대안을 모색할 때 비로소 납치된 정당은 시민의 품으로 돌아올 것이며 우리 정치는 다시금 가능성의 예술이 될 수 있을 것입니다.

장훈

차례

1장

타협의 정신으로
돌아가자

2장

다수의 폭주를
어떻게 제어할까

3장

우리는
어떤 비전을
내놓고 있는가

4장

솔직함과
용기를 갖춘
리더를 바란다

대담

**한국 현대
정치사 회고**

장훈, 공희준, 홍희경

1장

타협의 정신으로
돌아가자

"타협과 공존이 사라진 곳에 남은 것은

오로지 권력을 독점하기 위한

처절한 싸움으로서의 부족전쟁뿐이다."

여의도 권력 서사의 붕괴

이맘때쯤이면 여야 정당들이 새 인물 영입이니, 정당 쇄신이니 하는 움직임들로 떠들썩해야 정상이다. 지방선거가 6월에 있으니 여야가 주권자들 앞에서 새 단장을 하고 성의껏 다가서는 모습이라도 연출되어야 하는 시점이다. 하지만 주요 정당들의 현실은 쇄신과는 동떨어진 채 혼란으로 가득하다. 여당인 민주당은 지방선거 공천 관련 자금 수수 의혹에 휩싸여 있다. 민주당 윤리심판원은 사퇴한 원내 대표에게 제명 처분을 내렸고 공천 헌금 관련인들에게는 경찰 수사가 시작되었다.

어지럽기로는 제1야당인 국민의힘도 마찬가지다. 지난 해에는 자신들의 대선후보를 새벽에 갈아치우기를 시도하더니 이번에는 당 윤리위가 2024년 말 계엄해제 표결을 주도했던 전직 당 대표를 제명 처분하는 사태가 벌어졌다.

일련의 소동들은 정치권에서 종종 벌어지는 부패 스캔들이나 권력 다툼으로만 보기에는 예사롭지 않다. 정당들은 더 이상 추락할 곳이 없는 나락으로 자유 낙하하고 있는 듯하다. 정당의 성패를 건 대형 선거가 코앞인데도 이러한 혼란스런 모습을 보이는 것은 곧 위기가 심각하다는 반증이다.

필자는 지금의 혼란이 여야 정당을 지배하는 정치 귀족들의 권력 장악 서사story의 파산에서 시작되었다고 본다. 국민의힘의 주류를 이루는 관료 출신 테크노크라트(법원, 검찰, 행정부 출신)들은 과거 발전국가 시대의 가치였던 군림, 위계, 충성 중심의 사고에 갇혀 있는 레거시 정치 귀족들이다.

국민의힘에 합류한 배경도 법원, 검찰, 행정부에서의 세속적 성공이었으니, 이들은 그저 해오던 관습대로 복종, 충성, 지시에만 매달린다. 이들 레거시 엘리트가 민주주의 시대의 정당정치가 요구하는 타협과 조정이라는 방식에 적응하지 못하는 것은 놀라운 일이 아니다. 그렇다 보니 고립은 심화되고 '윤 어게인'의 그림자에서 벗어나지 못하고 있다.

한편 민주당의 주류를 이루는 운동권 출신들은 지난 20여 년간 도덕과 윤리를 앞세우며 권력을 장악해왔다.

소위 586, 686은 소수자의 권리, 환경권, 청렴, 인권의 가치라는 새로운 도덕률의 수호자를 자처하며 권력을 강화하는 데 성공해왔다. 실제로 이러한 도덕률이 민주주의 발전에 기여해온 것도 사실이다.

문제는 도덕 명분을 통해 권력을 닦은 이들이 스스로 갑질과 부패의 유혹에 무너질 때이다. 요즘의 공천 헌금 소동은 개인의 일탈이라기보다 도덕 명분으로 쌓아 올린 권력이 기초부터 흔들리는 위기이다.

*

국민의힘의 사례부터 살펴보자. 산업화 시대의 적자임을 내세우는 국민의힘은 민주화 이후에도 법원, 검찰, 행정부 출신 관료들이 당의 다수를 차지해왔다. 이들은 전직 검찰총장이 대통령에 당선되면서 레거시 정치 귀족으로서 정점에 이르렀다. 하지만 우리가 참담하게 목격한 바와 같이 검찰총장 출신 대통령은 임기 내내 민주정치에 전혀 적응하지 못했다. 일방적 지시와 군림으로 30개월을 허송하다가 끝내 민주정치를 향해 폭력을 휘두르는 자폭으로 막을 내렸다.

계엄령 자폭 이후에도 국민의힘의 정치 귀족들은 달라진 것이 없다. 이들에게 정치란 오직 지배와 충성의 세계일 뿐이다. 당권파는 당내 비주류의 존재를 참지 못하고 어떻게든 축출하려는 생각에 갇혀 있다. 되돌아보자면, 산업화 시대의 낡은 가치에 매몰된 채 권력 추구에만 몰두하는 레거시 엘리트들에게 우리가 그동안 너무나도 긴 유예 기간을 주었던 것은 아니었을까.

한편 민주당의 경우에는 운동권 출신들과 그 협력자들이 당의 주류로 부상해왔다. 수도권 지역구에는 3선, 4선, 5선의 경력을 쌓아 올린 운동권 출신 의원들이 즐비하다. 이들의 권력 장악은 민주화 이후 새로운 가치를 발굴하고 이를 사회의 도덕률로 부과하는 과정을 통해서 이루어졌다.

이들은 반독재에 머물던 민주주의 가치의 지평을 소수자의 권리, 환경권, 인권, 평등과 같은 가치들로 확산하는 과정을 주도했다. 민주화 투쟁과 저항의 대의는 이들이 앞세운 새로운 도덕률로 진화한 셈이다. 일본인 한국학자 오구라 기조의 표현대로 운동권 출신들은 민주화 이후 사회의 새로운 도덕과 명분을 선취하면서 정치 권력을 강화해왔다.

문제는 도덕과 명분은 장악했지만, 이들 개인의 윤리 의식은 민주화 이전 시대의 수준에 머물러 있다는 점이다. 도덕률과 권력을 동시에 쥐고 있지만 더 많은 돈, 자식들의 성공을 위해서라면 반칙, 편법, 갑질을 마다하지 않는 윤리적 모순이 불거져왔다. 결국 권력 쟁취의 명분과 권력자들의 실제 삶의 간격이 벌어지면서, 민주당 엘리트들이 그려온 권력 서사도 기울어가고 있다.

민심이 등을 돌리면, 정당들은 종종 ①쇄신파의 등장 ②당 조직과 인물의 쇄신 ③지지 회복과 선거 승리의 경로로 대응하기도 한다. 올봄에 우리는 과연 진작에 수명이 다한 산업화와 민주화의 스토리를 뛰어넘는 새로운 서사, 새로운 쇄신파를 만날 수 있을까.

정당이 납치된 시대

예감은 틀리지 않는다. 트럼프 취임 이후 세계는 변칙과 소란, 불협화음으로 가득하다. 우리 정치에도 트럼프 파동이 밀려오는 가운데 주목할 것은 '정당의 납치hijacking of party' 현상이다. 외관상 트럼프 대통령이 공화당 간판을 달고 재선에 성공했지만 실제로 공화당은 트럼프가 이끄는 MAGA 운동에 납치된 상태다.

시장경제와 법치를 내세우던 공화당의 정체성은 사라졌다. 대신 미국 우선주의와 법치에 대한 조롱, 폭력의 용인 등이 기괴하게 결합한 MAGA가 그 자리를 차지하고 있다. 예를 들면, 트럼프 대통령은 취임하자마자 2021년 의사당 폭동 사건 가담자 1,500여 명을 사면했다. 이 경악스러운 일에 대해 공화당 내부에서 어떠한 조직적인 저항도 없었다.

극단적 포퓰리즘이 정당을 납치하는 현상은 우리 땅에도 이미 상륙했다. 이재명 대표를 열성적으로 따르는 극렬 지지자들은 지난 총선에서 민주당의 공적 절차와 과정을 압도했다. 이 대표에게 거슬리는 '비명' 예비후보들은 좌표 찍기를 거쳐 문자폭탄 세례를 받았다. 때론 급작스러운 경선규칙의 변경과 예선 탈락을 감수하기도 했다. 반면에 몇몇 '친명' 후보들은 차마 입에 담기 어려운 극단적 발언을 하고도 든든한 지원군의 엄호를 받았다.

국민의힘도 정당 납치의 길에 들어서 있기는 마찬가지다. 윤석열 대통령 탄핵 의결 이후의 혼란 속에서 보수 외곽의 극우 세력은 빠르게 여당(국민의힘)을 장악해갔다. 당의 중진들이 광화문 태극기 집회에서 큰절을 올릴 때만 해도 일회성 사건인가 싶었다.

하지만 극단 분파들이 국민의힘 주선으로 국회에서 버젓이 기자회견을 갖는가 하면 여당 비대위원장은 극우 유튜버들에게 명절 선물을 보냈다. 탄핵 심판을 받는 중인 윤 대통령도 부정선거론자와 극우 세력에게 노골적으로 기대는 태세를 취하고 있다. 민주화 38년 만에 보수정당은 극우 세력에게 포획당한 상태다.

극단 세력이 기성 정당들을 납치하는 현상은 한국, 미국뿐 아니라 독일, 오스트리아, 스페인 등을 휩쓰는 글로벌 정치의 팬데믹이다. 과연 우리는 이 위기를 넘어설 수 있을까?

그동안 제시된 정당 개혁론을 여기서 되풀이하는 것은 큰 의미가 없다. 그보다는 12·3 위기 이후 요동치는 세 정치 부족 사이의 힘의 관계에 주목하고자 한다.

첫째, 기성 정당의 실패가 이어지면서 각 진영의 주도권을 장악한 극단주의 '훌리건족'이 있다. 둘째, 12·3 이후 정치사회적 불안이 확산하자 대세를 추종하는 '호빗족'은 점점 여야의 훌리건들에게 빨려 들어가고 있다. 셋째, 가짜뉴스·선동·폭력이 난무하는 혼란 속에서 여전히 합리성을 지키려 애쓰는 합리적 시민들 '벌컨족'은 애써 침묵을 지키고 있다. (벌컨은 미국의 초장수 인기 드라마 〈스타트렉〉에 등장하는 미래 휴머노이드로, 감정을 억제하고 오직 이성과 논리만을 추구하는 존재이다. 훌리건, 호빗, 벌컨의 비유는 정치철학자 브레넌의 논의에서 빌려왔다.)

요점은 훌리건이 주도하는 호빗-훌리건의 이인삼각을 해체하고 어떻게 하면 벌컨의 입지를 키우는가에 달려 있다.

먼저 훌리건부터 살펴보자. 경기장에 난입하여 폭력을 휘두르는 광적인 스포츠팬들을 훌리건이라고 부른다. 지난 1월 19일은 극우파 훌리건의 밤이었다. 이날 윤 대통령에 대한 구속영장이 발부되자 극렬 지지자 100여 명이 서울서부지방법원을 습격해 기물을 부수는 등 폭력을 휘두르는 사건이 벌어졌다.

훌리건의 밤은 단 하루였지만 파장은 깊고도 길다. 위험천만한 당파적 폭력의 위세 앞에서 여의도 정치 귀족들뿐만 아니라 대중들마저 이들에게 의탁하려는 몸짓을 보인다. 예를 들면 한국판 MAGA 집회는 서울, 대구, 광주에서 세를 이어가고 있다. 심지어 하락 추세이던 국민의힘 지지율은 1월 하순부터 회복되어 민주당과 비슷한 수준까지 올라왔다. 보수의 결집이라고 표현할 수도 있겠지만, 이는 전위적 훌리건들이 이끄는 당파전쟁의 소용돌이 속으로 대중들 일부가 뛰어드는 흐름이라고 할 수도 있다.

그나마 희망을 기댈 곳은 우리 안의 벌컨족 뿐이다. 폭주하는 민주당도, 비겁한 국민의힘도 지지하지 않는 부동층 안에 벌컨족이 자리 잡고 있다. 이들은 누구보다 민주주의에 대한 신념이 강하다. 소모적이며 파괴적인 당파전쟁과 거리를 두고 있는 이들이 바로 합리적 중도로서의 벌컨족이다.

문제는 이들이 침묵하고 있다는 점이다. 이들이 믿는 타협으로서의 민주주의, 극단주의와 폭력의 배제라는 가치가 민주주의를 떠받치는 근간이지만, 이런 믿음을 진실되게 대변하는 리더를 찾기 어렵기 때문이다. 민주주의에 대한 벌컨의 믿음은 정치 리더의 언어를 통해 표현될 때에 현실의 힘이 된다. 훌리건의 유혹을 뿌리치고, 벌컨들의 민주적 신념을 끌어안을 리더는 어디에 있는가?

부족전쟁의 정치,
냉담층이 멈춰 세워야

제목을 접하는 순간, 정치에 냉담한 독자들은 페이지를 넘겨버릴 수도 있겠다. 그럼에도 불구하고 필자는 정치 냉담층만이 정치를 구할 수 있다는 역설적인 이야기를 해보려 한다. 거듭된 실망으로 냉담한 태도를 갖게 되었지만, 이들 냉담층의 역할을 통해서만 여야 정당이 벌이는 원시적인 싸움, 부족전쟁을 완화시킬 수 있다고 믿는다.

이야기를 세 단락으로 나누어 이어가보자.

첫째, 내년 대선을 겨냥하여 벌어지고 있는 여야 정당 간의 살벌한 전쟁은 우리 민주정치가 30여 년 전 출발점에서 세웠던 타협과 공존의 정신을 송두리째 잃어버렸음을 가리킨다. 둘째, 타협과 공존이 사라진 곳에 남은 것은 오로지 권력을 독점하기 위한 처절한 싸움으로서의 부족전쟁뿐이다. 셋째, 이른바 '더불어족'과 '힘족'이 벌이는 부족전쟁을 멈춰 세울 수 있는 이들은 중간에 서 있는 정치 냉담층이다. 이들이 냉소와 외면을 떨쳐버리고 정치에 개입할 때에만 양극화된 부족전쟁을 멈춰 세울 수 있다.

한국 민주주의가 타협의 정신에서부터 출발했던 뿌리를 되돌아보자. 1987년 봄, 시민들이 민주화를 요구하는 거대한 물결을 일으켰을 때 민주화운동을 이끌던 김대중, 김영삼 두 지도자는 군부 세력의 절충안인 6·29 선언을 수용했다. 민주화 세력 내부에서 격렬한 반대가 있었지만 양김은 군부 세력과의 협상을 통해 대통령 직선제 개헌을 하고 경제·사회 질서를 바로잡는 민주화로 나아가는 데 합의했다.

민주화의 대의를 위해, 자신에게 사형선고를 내렸고 수년간 해외 망명길로 내몰았던 군부 세력과도 타협했던 리더가 김대중이었다. 김영삼 전 대통령 역시 단식투쟁, 의원직 제명 등의 험난한 길을 걸어왔지만 협약의 민주화를 함께 이끌었다. 각각 20대와 30대의 나이에 국회의원으로 정치를 시작한 이들은 근본적으로 의회민주주의자였다.

이들은 그동안 저항과 극복의 대상이었던 정치군인들과도 협상을 하는 타협의 민주주의 원칙을 온몸으로 실천한 거인들이었다. 비록 불완전한 민주화와 내분으로 인해

1992년이 되어서야 차례로 대통령직에 오른 김영삼, 김대중 시대에도 굴곡이 없지는 않았다. 그래도 그때는 우리가 어쨌든 꾸준히 앞으로 나아가고 있다는 느낌을 누렸다.

*

두 번째 이야기. 2002년 양김 시대가 저물면서 민주화의 주춧돌이었던 타협과 공존의 정신도 급격히 쇠락했다. 엉성한 논리로 현직 대통령에 대한 탄핵이 처음 시도된 것은 2004년이었다. 이후 정치 보복과 법치, 진실과 거짓, 정의와 권력은 서로 엉망으로 뒤엉킨 채 우리 정치를 진흙탕 속으로 끌고 들어갔다.

이제 우리 정치에 남은 것은 양대 진영을 중심으로 한 정치 부족 간의 권력전쟁뿐이다. 민주적 경쟁과는 거리가 먼 원시 부족전쟁이 대선을 짓누르고 있다. ①선거는 우리와 저들의 전쟁이고 승부에 따라 권력을 쥐거나 죽게 되는 경기라고 믿는다. ②부족 내부의 결속은 엄중하며 한 치의 일탈이나 희미함도 용납되지 않는다. ③상대 부족은 없어져야 할 적폐이며 따라서 공격의 대상일 뿐이다.

부족전쟁은 오늘날 전 세계에서 관찰된다. 아프가니스탄의 혼란은 파슈툰족, 타지크족, 우즈벡족, 하자라족 사이의 뿌리 깊은 대립과 갈등의 역사를 빼놓고는 이해할 수 없다. 뿐만 아니다. 오랜 민주주의 역사를 가진 미국의 정치 역시 오늘날 레드족(공화당)과 블루족(민주당) 간의 부족 전쟁으로 치닫고 있다. 레드족은 아직도 바이든 대통령의 당선이라는 선거 결과를 승복하지 못하고 있다. 지난 1월 주별 선거 결과를 연방의회가 승인하던 날 워싱턴 의사당을 습격한 강성 레드족의 난동은 부족전쟁의 한 에피소드이다.

*

세 번째 이야기. 고대의 원시전쟁처럼 피가 튀고 살점이 날아가는 살벌한 부족전쟁을 지켜보며 중간층 시민들이 정치를 외면하는 냉담층으로 변해가는 것은 이해할 만하다. 하지만 외면의 결과는 혹독하다. '더불어족'이 승리하든 '힘족'이 승리하든, 정치 냉담층은 점차 숨쉬기조차 힘들어질 것이다. 과거 최상의 민주 헌법을 갖추었던 독일 바이마르 공화국이 붕괴되는 과정 그리고 지금 미국의 정치가 구제불능의 부족전쟁으로 흔들리는 배경에는 모두 냉담층의 정치 거리두기가 작용해왔다.

부족전쟁의 이분법 세계를 순화시킬 수 있는 잠재력은 오직 정치 냉담층에게 있다. '더불어족'이든 '힘족'이든 스스로의 세력만으로는 내년 봄의 승리를 가질 수 없다. 당내 경선이 끝나자마자 두 부족은 중간층과 중간지대를 향한 온갖 달콤한 약속을 내놓을 것이다. 이때 중간의 냉담층이 분명하게 물어야 한다. 한국 민주화의 정신이었던 타협과 공존의 희미한 불씨나마 되살려낼 후보는 누구인가? 야당, 중간지대와도 대화하고 함께하겠다는 약속을 취임 이후에도 쉽게 저버리지 않을 인물은 누구인가? 청년세대의 42%를 차지하는(한국갤럽) 정치 냉담층이 부족전쟁을 멈춰 세워야 한다.

6·10 민주 시민들은
다 어디로 흩어졌을까?

　필자 세대에게 6·10은 가슴 벅찬 기억으로 남아 있다. 1987년 6월 10일 서울시청 앞 광장은 수십만 민주화 시민들로 터질 듯했다. 뜨거운 날씨 속에 흰 셔츠와 넥타이 차림의 수십만 회사원, 시민, 대학생의 함성은 세상을 뒤흔들고 있었다. 그날 오후부터 본격화한 민주화의 물결은 결국 군부 집권당의 6·29 선언으로 이어지면서 한국 민주주의의 문을 활짝 열어젖혔다. 오랜 어둠이 걷히고 빛과 희망이 압도적이었던 6월이었다.

　그로부터 37년, 민주화의 꿈과 희망은 누추한 현실로 주저앉았다. 오늘날 민주주의는 빈사 상태다. 공천 과정이 편법, 반칙, 막말, 모욕으로 얼룩졌지만, 민주당은 지난 총선에서 압도적 의석을 얻었다. 민주주의의 생명줄인 제도와 규칙은 거대 야당 앞에서 무의미해졌다. 대통령실과 여당의 국정운영 역시 민주주의의 근간인 법치와는 거리가 있다. 진영 정치의 폭력적 살벌함은 민주주의 붕괴 직전의 역사적 사례들이 보였던 증세들을 닮아가고 있다.

*

필자가 민주화 역사 이야기를 풀어놓는 이유는 두 가지다.

첫째, 한국 정치의 병은 너무 깊어서 한두 가지 제도 개혁, 이를테면 요즘 제기되는 대통령 중임제 개헌이나 지구당 부활 등으로 회복할 수 있는 상태가 아니다. 사람들의 태도와 의식이 그대로인 상태에서 도입되는 새로운 제도는 고작해야 어느 정치 세력의 이익 실현 수단에 그치고 만다.

둘째, 제도 변경에 크게 기대할 것이 없다면 우리가 기댈 희망은 역사의 유산에 있다. 6·10에서 6·29, 그리고 87년 대통령 선거로 이어지던 과정을 돌아보면 오늘날 위기 타개의 실마리를 찾을 수 있다고 필자는 믿는다. 하나는 민주주의 전환 과정에서 발휘된 타협의 정신, 또 하나는 진영 내 강경파를 제어하면서 타협을 주도했던 온건파들의 정치력이다.

먼저 한국 민주주의 탄생에 타협의 정신이 어떻게 작용했는지 돌아보자. 타협은 6·29에서 그해 12월 대선까지 이어지는 체제 이행 과정을 이끌어간 규범이었다. 타협의 첫 계기는 6월 시민항쟁의 요구를 대폭 받아들인 6·29 선언이었다. 이를 기점으로 민주화 시민들이 열망해온 대통령 직선제 개헌의 길로 들어서게 되었다. 아울러 민주화 지도자 김대중의 사면·복권과 대선 참여가 가능해짐으로써 민주적 경쟁이 실질화되었다.

권력을 쥐고 있던 군부 정권 입장에서는 힘을 앞세워 시민들과 충돌하거나 혹은 시민들에게 전면적으로 굴복하는 선택지도 있었겠지만, 6·29 선언을 앞세워 타협의 길을 선택했다. 민주화 세력 역시 민주화 조치들을 수용하고 이후 직선제 선거가 치러질 때까지의 불확실한 과정을 군부 정권이 관리하는 데에 합의하는 포용적 선택을 함으로써 타협의 큰 틀이 성립되었다.

뜨거웠던 민주화 열기가 양 진영의 타협으로 전환하는 과정에서 각 진영 내 온건파들의 역량이 결정적인 역할을 했다. 당시 민주화 세력은 다양한 집단으로 구성되어 있었다. 대학생, 종교계, 노동운동계, 급진운동계, 그리고 광장에 나섰던 시민들. 이들 중에 타협을 거부하는 목소리도 작지 않았다.

하지만 민주화 세력을 이끄는 상징적인 두 인물, 김영삼과 김대중은 민주화 진영 내의 강경파를 달래기도 하고 으름장도 놓으면서 타협의 기조를 유지했다. 동시에 이들은 군부 정권 내의 온건파가 입지를 유지할 수 있도록 적절한 양보를 내놓기도 했다. 이를테면 양김은 새 6공화국 헌법에 군부의 정치중립 조항이 명시되어야 한다는 주장을 고집하지는 않음으로써 상대측 온건파가 숨 쉴 공간을 열어주기도 했다.

강경파와 온건파가 팽팽히 맞서던 군부 정권의 내부 사정 역시 복잡하기는 매한가지였다. 하지만 노태우 후보 중심의 온건파는 다가오는 서울올림픽 개최의 중요성, 물리적 충돌이 빚을 파국적 결과 등을 내세워 강경파를 설득, 회유, 압박하는 데에 성공하고 타협의 끈을 유지했다.

정리하자면, 민주주의의 붕괴 과정에 대한 통찰 하나가 요즘 필자의 뇌리를 떠나지 않는다.

민주주의가 단번에 쓰러지는 것은 아니다.

수백, 수천 번 거듭된 상처를 입으면서 쓰러진다.

오늘도 여의도에서는 국회의 타협 관행을 무너뜨리는 거대 야당의 독주가 지속되고 있다. 소수당에게 법사위원장의 요직을 내주던 포용과 공존의 관습은 내팽개쳐지고 있다. 또한 2004년 노무현 대통령의 탄핵 시도 이후 설익은 탄핵의 칼을 언제든 꺼낼 듯한 분위기 속에서 우리 대통령제는 만신창이가 되어가고 있다.

37년간 상처에 상처가 더해지며 비틀거리는 한국 민주주의를 바라보면서, 오래전의 꿈을 다시 꾼다. 강경파의 주문에 춤추기보다 이들을 제어하고 온건파에 귀 기울이는 리더는 어디에 있을까? 눈앞의 정치적 이해를 위해 법을 바꾸고 당헌, 당규를 바꿔치는 정치를 종식할 인물은 어디에 있을까? 그해 6월 온건파들 간의 대타협에 박수치던 민주화 시민들은 다 어디로 흩어졌을까?

'애니웨어 앨리트' 대
'섬웨어 대중'

　처음부터 그들 사이가 나빴던 것은 아니었다. 이창용 한국은행 총재는 한때 경제 커뮤니티에서 '창드래곤'으로 불리며 추앙받던 인물이다. 국내외 경제 상황에 대한 이 총재의 브리핑은 온라인 커뮤니티에서 열광적으로 공유되곤 했다. 풍부한 경험과 해박한 지식을 바탕으로 한 그의 발언들은 답답한 관료적 설명들과 대조를 이루며 화제가 됐다.

　좋았던 관계가 이상 기류에 접어든 것은 금년 봄 이 총재의 대학입시 제도 발언 이후였다. 그러던 중 지난달 이 총재가 환율 불안의 요인으로 청년 서학개미를 지목하면서 추앙은 격렬한 비판으로 바뀌었다. 최근 역대급 수출 실적에도 불구하고 원달러 환율이 1,500원에 육박하는 불안한 형세가 지속되자 이런저런 진단과 해법들이 논의되고 있었다. 이즈음에 이 총재가 고환율 현상의 배경으로 젊은 층의 해외투자 쏠림 현상을 거론하면서 관계는 파탄에 이르렀다. 정부의 느슨한 재정 운영, 수출 기업들의 해외 투자 등은 제쳐두고 개인 투자자에게 책임을 돌리느냐는 비판이 온라인을 뒤덮었다.

원화 약세에 작용하는 수많은 대내외 변수들과 직간접 요인들을 따지는 것은 경제 전문가들의 몫이다. 필자가 주목하는 것은 이창용 총재와 서학개미의 충돌이 우리 사회의 대표적인 갈등, 즉 '애니웨어anywhere 엘리트'와 '섬웨어somewhere 대중'의 갈등을 상징한다는 점이다.

화려한 경력과 인맥, 전문성을 바탕으로 서울대, 하버드대, IMF(국제통화기금)를 누비다가 한국은행 총재로 취임한 이 총재는 전형적인 '애니웨어 엘리트'이다. 뛰어난 전문성과 네트워크로 지구촌 어디서나 자유로이 둥지를 틀 수 있는 글로벌 엘리트이다. 반면에 대부분의 서학개미들은 전형적인 '섬웨어 대중'이다. 해외 유학이나 취업을 꿈꾸기 어려운 평범한 가정 출신들이 국내에서 모은 쌈짓돈으로 자립의 꿈을 담아 미국 주식을 사들이는 것이 서학개미 현상이다.

달리 말해, 똑똑하지만 현실에는 둔감한 엘리트와 어떻게든 현실에서 생존하려는 평범한 이들 사이에는 건너기 힘든 거대한 절벽이 있다.*

필자가 보기에 청년들이 미국 주식시장으로 몰려가는 데에는 몇 가지 중대한 흐름이 자리 잡고 있다. 첫째, 노동의 위기와 벌어지는 노동-자산의 격차. 둘째, 미래 한국에 대한 희망의 빈곤. 셋째, 미국 자본시장의 합리성과 혁신 경제에 대한 동경이다.

*

첫째, 노동의 위기와 자산 격차의 문제. 토마 피케티를 필두로 숱한 학자들이 자본 수익률(r)이 장기적으로 경제 성장률(g)을 압도한다는(r>g) 연구 결과를 발표해왔지만 요즘 청년들에게 이는 이론이 아닌 현실이다. 적절한 일자리를 구하기도 쉽지 않지만 그 월급으로 아파트값을 따라가기는 지극히 어렵다.

사정이 이렇다 보니 스무살 학부생들도 취업 준비, 학교 공부를 하는 틈틈이 미국 주식 투자에 매달린다. 아르바이트 월급을 차곡차곡 모아서 사들이는 엔비디아 주식 몇 주에는 금융 자본주의 생태계에서 생존하려는 청년들의

---

* 데이비드 굿하트 저, 김경락 역, 《엘리트가 버린 사람들》, 원더박스, 2019년 11월 18일.

몸부림이 담겨 있다.

둘째, 서학개미 청년들이 미국 주식을 통해 달러 자산을 조금씩이나마 모아보려는 데에는 한국 경제의 미래에 대한 비관이 담겨 있다. 성장률은 1퍼센트대로 주저앉았는데 인구구조는 급속히 초고령화하고 있다. 갈수록 경제활동으로 돈을 버는 사람은 줄어들고 사회가 부양해야 하는 노인은 늘어나는 미래는 누가 봐도 확정적인 재앙이다.

애니웨어 엘리트와 그 자녀들은 유학이나 이민을 갈 수 있지만, 섬웨어 청년들에게는 마땅한 탈출구가 없다. 이들이 어두운 한국의 미래를 헷지hedge(위험 회피)하는 방법으로 선택한 것이 미국 주식, 즉 달러 자산을 늘려가는 것이다.

*

셋째, 청년들은 젊은 사람답게 새로운 변화와 혁신에 더 민감하고 열광한다. 청년 서학개미들이 미국의 테슬라(자율주행, 우주개발), 양자 컴퓨팅 기업들, 생명공학 기업들, 금융혁신 기업들에 몰두하는 데에는 한편으론 현란한 주가 변동성에 과몰입하는 측면도 있다. 하지만 근본적으로는 한국에서 접하기 어려운, 세상을 바꾸는 거대한 혁신에 동참해보려는 욕구의 발현이기도 하다.

정리하자면, 청년 서학개미들에게 우려스러운 바가 없지는 않다. 투자보다 투기에 가까운 행태, 과도한 쏠림, 리스크에 대한 통제의 부족 등등. 하지만 현상의 본질은 그다지 희망적이지 않은 한국 사회에 갇혀 있는 청년 섬웨어들의 생존과 자유를 향한 몸부림이 미국 주식 투자로 나타나고 있다는 점이다. 몸은 한국에 매여 있지만, 미래를 향한 실마리를 선진 자본시장에서 찾아보려는 합리적 선택이기도 하다.

　　필자는 애니웨어 엘리트가 자세를 낮추고 경청해야 한다는 말을 하고 싶지 않다. 그보다는 청년들이 하는 선택을 조용히 지켜보라. 동정하지도 가르치려 들지도 말라. 규제하거나 조언하려 하지 말라. 그저 그들의 선택을 인정하라.

중도를 위한 나라는 없다

영화 팬들이라면 〈노인을 위한 나라는 없다〉라는 영화를 기억할 것이다. 영화의 개요는 경찰, 범죄자, 살인 청부업자 등이 돈 가방을 두고 벌이는 허무하고 기이한 추격물이지만, 이면의 메시지는 음울하다. 미국의 작가 코맥 매카시의 원작에서 포착한 현대 사회의 현실은, 윤리가 붕괴하고 우연과 폭력, 맹목이 지배하는 황량한 세상이다.

영화 속 폭력의 화신, 안톤 시거가 상징하듯이 세상은 명분 없는 폭력과 혼돈으로 가득하다. 근거도 목적을 알 수 없는 부조리가 횡행하고 규범은 잊혔다. 현실이 이렇다 보니 삶의 지혜를 갖춘 노인들은 이해할 수도 적응할 수도 없는 무질서의 세계가 펼쳐진다.

3주 뒤 대통령 선거를 치르는 한국의 현실은 영화 속 혼돈과 무질서의 세계를 너무나도 생생하게 빼닮았다. 폭력과 우연, 윤리 붕괴, 가치의 전복이 너무나 압도적이어서 중도에 있는 현명한 시민들은 숨쉬기조차 힘든 세계가 열리고 있다.

12월 3일의 불법 계엄에서 비롯된 조기 대선에 국민의힘은 탄핵 반대론자인 김문수 후보를 내세웠다. 게다가 후보 경선이 끝나자마자 국민의힘 지도부는 김문수 후보와 당 밖 인사의 후보 단일화를 우악스럽게 종용했다. 결국엔 느닷없는 후보 취소와 취소의 번복으로 이어졌다. 폭력이 휩쓸고 간 자리에 남은 것은 책임 윤리의 붕괴와 무질서의 나락인가?

혼돈과 부조리의 늪에 빠진 것은 민주당도 마찬가지다. 불과 몇 주 전 헌재의 대통령 탄핵 인용을 정의의 이름으로 칭송하던 민주당은 표정을 180도 바꾸었다. 민주당은 자당 후보의 공직선거법 위반 사건을 담당했던 대법원장과 대법관들에 대한 탄핵과 특검의 가능성을 내비치고 있다. 민주주의가 망가진 헝가리, 폴란드에서나 들어봤던 권력 분립 무용론까지 한쪽에서 고개를 내밀고 있다.

2025년 한국 민주주의에 중도 시민을 위한 공간은 없다. 거대 양당이 지배하는 이곳에는 전투적 진영주의, 권력에 대한 숭배, 비타협적 힘의 과시만 있을 뿐이다.

*

한국의 민주주의가 추락한 이유는 다양하지만 두 가지 맥락을 중심으로 살펴보려 한다. 첫째는 12·3 비상계엄으로 초래된 혼돈의 가속화. 둘째는 2차 세계대전 이후 글로벌 질서의 중추를 이뤄왔던 미국 민주주의의 퇴조와 그에 따른 가치의 혼돈.

첫째, 12·3 비상계엄이 열어젖힌 대혼란의 양상부터 살펴보자. 사실 계엄 이전에도 한국 민주주의는 위태위태했지만, 그날 밤 민주정치를 무력으로 뒤집으려던 폭거는 혼돈을 새로운 차원으로 밀어붙였다. 무엇보다 정치의 목적과 수단의 혼돈이 일상화되었다.

구체적으로 말해 민주주의가 생사의 위협을 받게 되자 계엄 해제 과정에서 주도적 몫을 했던 민주당은 반계엄의 명분으로 무엇이든 정당화할 수 있다는 논리로 위험한 도약을 감행한다. 계엄 협조, 내란 방조 세력의 이름을 붙여 대통령 권한대행을 탄핵하고 그 권한대행의 대행도 탄핵하는 사태가 이어졌다. 계엄에서 촉발된 혼돈이 야당에도 옮겨붙은 셈이다.

민주당발 혼돈은 지난주 절정에 이르렀다. 계엄이란 폭력으로부터 '민주주의를 지킨 민주당에 대한 위협은 곧 민주주의의 위협'으로 간주한다는 것이다. 따라서 '선거를 몇 주 앞두고 내려진 민주당 후보에 대한 유죄취지 파기환송은 민주주의의 위협으로 간주된다. 따라서 대법원도 탄핵되어야 한다.' 명분과 수단이 뒤엉키고 대의와 당파적 조바심이 서로 꼬리를 물어버린 혼란과 혼돈의 세계다.

규모는 훨씬 초라하고 구차하지만 국민의힘에서 벌어진 후보 교체, 단일화 소동 역시 혼돈의 극치다. 국민의힘이 탄핵을 반대했던 김문수 후보를 선출한 것이 5월 3일. 하지만 바로 다음날부터 한덕수 예비후보로 단일화하기 위한 당 지도부의 압박이 이어졌다. 김문수 후보의 버티기와 당 지도부의 일방적인 후보 취소, 그리고 다시 취소를 번복하는 모습은 무질서 그 자체였다.

둘째, 혼돈의 세계를 재촉한 또다른 계기는 트럼프 시대에 들어선 미국 민주주의의 퇴조이다. 싫든 좋든 우리는 오랫동안 미국식 민주주의가 하나의 역할 모형인 시대를 살아왔다. 미국 민주주의가 강조하는 법에 의한 통치, 개인의 자유와 개방 사회는 민주주의의 기준점으로 작용해왔다. 미국의 민주주의는 우리뿐만 아니라 여러 민주국가의 모방, 즉 '따라하기'의 대상이었다.

하지만 트럼프 현상은 이러한 모방의 구조를 뒤집어놓았다. 역할 모형으로서의 미국 민주주의는 법치와 개방성에서 내부적으로 후퇴하고 있다. 게다가 트럼프 대통령은 종종 중동부 유럽, 중남미의 권위주의 리더들을 찬양함으로써 가치의 혼란을 증폭시키고 있다.

정리하자면, 나라 안팎으로 무질서와 부조리의 기운이 가득한 가운데 중도를 위한 정치는 사라지고 없다. 중용의 지혜를 추구하려는 이들을 위한 나라는 없다. 남은 시간 동안 우리는 변화를 향한 속삭임이라도 들어볼 수 있을까?

내전의 시대

총격이 우발적인 것은 아니었다. 외톨이의 일탈로 치부하기도 어렵다. 펜실베이니아 유세현장에서의 트럼프 후보 암살 시도는 미국에서 끓어오르는 불길한 흐름의 연장선에 있다. 3년 전(2021년 1월 6일)에도 수천 명의 무장 폭도들이 워싱턴의 의사당을 공격한 바 있다.

무장 폭도들은 2020년 미국 대선 선거인단 투표 결과를 확정 중이던 양원 합동 회의장에 난입했다. 이들의 목표는 바이든 후보가 승리했던 결과를 폭력적으로 뒤집는 것이었다. 이 과정에서 의회 경찰관 한 명이 순직하고 폭도들 여럿이 사망했다. 사실상 폭도들의 난동을 방조했던 당시 트럼프 대통령은 이와 관련하여 그해 1월 13일 두 번째 탄핵 소추를 당했다.

이번 총격 사건으로 트럼프 후보는 3년 전의 굴레에서 어느 정도 벗어난 셈이다. 천만다행으로 총탄은 비껴갔고 트럼프 후보는 목숨을 구했다. 또한 피격 직후 침착하고 담대한 모습을 내보여 대선 고지를 향한 결정적 발판을 마련했다.

그럼에도 불구하고 미국이 실질적 정치 내전에 근접해 있다는 사실은 변함이 없다. 오늘날의 내전은 1860년대 남북전쟁처럼 무장 군대가 충돌하는 전쟁의 양상을 띠지는 않는다. 21세기 정치 내전은 증오하는 세력 간의 간헐적 폭력과 테러의 형태로 나타난다. 트럼프 피격 직후 로이터 여론조사에서 84%의 미국인들은 11월 대선 이후 폭력 사태가 다시 발생할 가능성이 높다고 응답했다.

*

미국만큼은 아니지만 한국의 정치 갈등 역시 21세기형 내전으로 비화할 소지는 결코 작지 않다. 지난주 국민의힘 후보 토론회에서 벌어진 폭력 사태는 우발적이라고 하기 어렵다. 다른 생각을 가진 세력에 대한 폭력은 이미 우리 정치에서 일련의 흐름으로 이어져왔다. 금년 초 이재명 민주당 대표 피습사건, 배현진 의원에 대한 테러, 그리고 지금 국회의사당을 휘감고 있는 여야 간의 불같은 적대감과 물리적 충돌.

정치 내전의 확산을 지켜보면서 세 가지 논점을 짚어 보려 한다. ①21세기형 정치 내전은 독재국가나 건전한 민주국가에서는 벌어지지 않는다. 경쟁 세력에 대한 폭력과 테러 위협은 민주주의가 흔들리고 있는 반⍻민주주의에서 주로 벌어진다. ②허약한 민주주의가 경제 양극화, 인종-문화 갈등, 정치 부족주의에 의해서 휘청거릴 때 정치 내전은 심각해진다. ③결국 민주 정부의 역량, 정치 제도의 역량의 회복이라는 상식적인 해법을 통해서만 우리는 내전의 위험을 줄일 수 있다.

먼저 반민주주의와 정치 내전. 강력한 독재국가에서는 경쟁 세력에 대한 폭력이나 테러가 일어나지 않는다. 모든 힘이 이미 독재자의 수중에 있기 때문이다. 다른 한편으로 민주주의가 건강하게 작동하는 경우에도 폭력이나 테러 위협이 설 자리는 좁아진다.

과거 민주주의 전성기 시절의 미국에서 정치 폭력은 매우 예외적인 사건이었다. 하지만 민주주의가 뿌리째 흔들릴 때, 상호절제가 무너질 때 폭력이라는 독버섯이 자라난다. 트럼프 대통령이 첫 번째 임기 중(2017~21)에 백인 우월주의자들의 폭력 시위에 대해 모호한 태도를 취했을 때 내전의 불씨는 이미 커지고 있었다. 게다가 정치 폭력 사태에 대해 그저 얼버무리는 태도를 취하는 트럼프 아류들이 속속 등장하면서 브라질(보우소나루), 아르헨티나(밀레이), 엘살바도르(부켈레)에서도 21세기형 내전의 위험은 커지고 있다.

두 번째 이슈. 21세기의 세계 곳곳을 폭력으로 얼룩지게 만드는 정치 내전의 뿌리에 대해서는 이미 널리 알려져 있다. 경제사회 양극화, 인종-문화적 갈등의 폭발, 그에 따른 정치 양극화가 궁극적으로는 정치 부족들 간의 폭력과 테러로 이어진다는 음울한 진단은 이미 충분히 나와 있다.

셋째, 앞으로 어떻게 대응해야 하는가 하는 질문이 남는다. 인간이 사회를 이루고 사는 한 갈등 없는 청정지대를 기대하기는 어렵다. 문제는 인간 존재 안에 도사린 야수적 성향을 어떻게 달래고 통제하는가이다.

*

정치학자들은 오늘날 비틀거리는 반민주주의를 회색지대로부터 끌어올려 민주주의를 정상화할 때 폭력과 테러의 내전 위험은 줄어든다고 본다. 제도가 정치 세력들의 타협과 상호수용을 촉진할 때, 예컨대 국회의 여러 절차가 갈등 해소의 효과적 해법이라는 믿음이 자리 잡을 때 정치는 정상화된다.

하지만 현실은 꽤 음울하다. 국민의힘 전당대회, 그리고 국회 법사위에서 벌어지고 있는 여야의 물리적 충돌은 우리 정치가 정상화는커녕 점점 위험한 길로 접어들고 있음을 보여준다. 트럼프 피격에서 보듯이, 정치인들이 조용한 다수보다는 소란스러운 극단 소수를 자극하고 그에 영합하는 악순환에 빠지게 될 때 정치는 21세기형 내전으로 점점 추락하게 된다.

우리는 면밀히 지켜보아야 한다. 누가 갈등 유발자인지. 누가 갈등을 증폭하고 이용하는지. 누가 극단론을 부추기는지.

청년 자유주의 vs. 586 반자유주의 민주화

어느 부지런한 정치학자의 집계에 따르면 세상에는 500여 가지의 민주주의가 있다고 한다. 풀뿌리민주주의, 경제민주주의, 자유민주주의, 사회민주주의…, 누구나 민주주의의 거룩한 이름을 앞세워 저마다의 이해관계, 이상, 정념을 담고 싶어하기 때문이리라.

2021년 4·7 재보궐 선거는 두 개의 이질적인 민주주의 관념이 정면충돌한 사건이었다. 20·30 청년들의 자유민주주의가 586 정치계급의 반자유민주주의를 심판한 것이 재보궐 선거결과의 요체라고 말하고 싶다. 지상파 3사 출구조사에 따르면 서울 20대, 30대 유권자의 55~56%가 제1야당(국민의힘) 후보를 지지한 반면 여당(민주당) 후보에 대한 지지는 34~38%에 머물렀다. 여당 586들이 예전에

거리에서 독재 권력을 향해 돌을 던졌다면, 오늘의 청년들은 투표지로 만든 종이 돌 수십만 개를 투표함에 던져 넣어 여당을 심판했다. 개인의 자유, 자유의 필수 요건인 공정한 기회, 법 앞의 평등이 민주주의의 근간이라고 믿는 청년들은 이 가치들을 외면하는 여당을 더는 참을 수 없었던 듯하다.

586 정치계급과 평범한 청년 자유주의자들의 충돌은 짧아도 내년 대선까지는 이어질 터이므로 이 충돌의 ①배경 ②양상 ③전망을 살펴보자.

한때 민주화운동의 전위였던 586 정치계급의 민주주의가 근본적으로 반자유주의적인 까닭부터 돌아보자. 그래야만 우리는 청년들의 586에 대한 분노와 이질감을 다소라도 이해할 수 있다.

시계를 잠시 1970~80년대 민주화운동 시기로 돌려보면, 당시 젊은 86세대의 민주화에 대한 헌신과 반독재 투쟁은 분명 영웅적이었다. 문제는 이들을 지배한 사고와 행동의 단위는 진영, 계급, 민족과 같은 집단이었다는 점이다. 진영을 옹위하는 논리, 운동 논리 앞에서 개인의 개성과 자유는 상상조차 하기 어려웠다. 그 시절 젊은 86세대는 같은 말투를 썼으며 모두 같은 책들을 읽었다. (한국 민주화 세대의 대표적인 특성으로 '반자유주의'를 체계적으로 지목한 이는 학자 시절의 이홍구 전 총리였다.)

반자유주의적 민주주의는 586이 권력을 장악한 지난 수년 동안, 민주주의의 이름으로 개인과 자유를 억압하는 정책을 쏟아내는 결과로 이어져왔다. 의회 다수가 결심하기만 하면 개인들 간의 아파트 매매 거래도 얼마든지 제한되고 관청 허가를 받는 대상으로 바뀌었다. 자유 중의 자유라는 '표현의 자유'마저도 얼마간 논란거리가 된다면 법으로 재갈을 물리는 사태가 이어져왔다. '대북전단금지법'에서 보듯이.

*

18세기 후반 미국과 서유럽에서 근대 민주주의 혁명이 싹틀 때부터 정치 사상가들의 최대 근심거리는 '민주주의가 안고 있는 반자유주의'라는 모순이었다. 선출 권력이 다수의 지배라는 절대반지를 휘두를 때, 전근대 국가, 귀족의 압제로부터 겨우 해방된 개인들이 다시금 다수의 폭주 아래 신음하게 될 것을 염려한 것이 제퍼슨과 J. S. 밀의 자유주의였다.

자유주의자들은 개인을 지키기 위해서는 법 앞의 평등, 권력의 분립, 불편부당한 사법권이 사활적인 요건이라고 보았다. 이들 자유 보호의 원리들과 결합될 때에만 민주주의는 지속가능하다는 것이다. 18세기의 우려는 요즘 전세계적으로 현실화되고 있다. 개인을 보호하는 보루로서의 법치는 지난 수년간 한국뿐 아니라 헝가리, 터키, 브라질, 트럼프의 미국 등에서 크게 흔들려왔다.

반자유민주주의의 지구적 확산을 우려하는 학자들의 분석은 어쩌면 지식인들의 한가한 이야기일 뿐이다. 반자유민주주의와 정책의 쓰나미 앞에서 실제 삶의 위협을 온몸으로 겪는 이들은 20·30 청년 자유주의자들이다. 날로 심해지는 경쟁과 불평등의 격류 속에서 성장해온 청년들은 가족, 직장, 국가가 자신을 지켜주지 못한다는 것을 안다. (부모가 중상층 지위를 물려주기에 여념이 없는 상위 10%를 제외하고 말하자.)

믿을 것은 스스로 타고난 재능과 노력, 행운뿐이다. 청년들은 깊은 불평등의 바다 속에서 오직 스스로의 힘으로 경제적 자유라는 해안을 향해 힘차게 헤엄쳐 갈 뿐이다. 생존의 거친 바다를 헤쳐 가는 이들 청춘들이 의지하는 것은 오직 자신의 힘과 경쟁의 공정함을 보장하는 규칙의 엄정함뿐이다.

*

지난 4월 7일 청년 자유주의자들이 여당 후보들에게 종이돌을 던진 가장 큰 이유는 586 정치계급들이 청년들의 생명과도 같은 공정규칙을 훼손하거나 방치해왔기 때문이다. LH 정규직들의 부정축재 스캔들, 인천공항 정규직 전환 사태, 평창 올림픽 출전자격 논란 등에서 청년들은 자신들의 유일한 생명줄인 공정경쟁의 틀이 무너지는 것을 보았다.

내년 봄 대선까지 586 정치계급은 공공주택을 필두로 한 '공공 시리즈'를 내밀며 청년들의 상처 난 마음을 달래보려 할 것이다. 야당은 그동안 스스로 해낸 적이 별로 없는 '공정사회'를 영혼 없이 외쳐댈 것이다. 고독하고 피곤한 청년 자유주의자들에게 권력이 약속하는 공공 시리즈, 공정사회는 달콤하면서도 허탈한 유혹이다. 하지만 청년들은 계속 물을 것이다. 유혹을 내미는 국가는, 권력은, 그들은, 과연 공정한가?

우리는 멜로니의 함정을 피할 수 있을까?

이탈리아 하면 먼저 무엇이 떠오르시는지? 마늘과 올리브가 듬뿍 들어간 이탈리아 음식? 정열적인 사람들? 피렌체?

우리네 일상적 관심을 넘어서기는 어려운 이탈리아에서 얼마 전 전 세계를 향한 경보가 울려 퍼졌다. 2022년 9월 25일 총선 결과 총리에 오르게 된 이탈리아 형제당 대표 조르지아 멜로니의 등장은 극단주의 정치가 더 이상 일회적 사건도, 국지적 현상도 아님을 의미한다.

40대 중반의 환하고 매력적인 미소 뒤에는 악몽의 그림자들이 어른거린다. 멜로니는 대공황의 여파 속에서 이탈리아와 유럽을 전쟁과 광기로 몰아넣었던 무솔리니를 찬양하는 이탈리아 파시즘의 후예를 자처한다. 이탈리아의 전통을 극단적으로 앞세우며 이민자와 소수자에 대한 적대감을 강렬하게 드러낸다. (현실은 이탈리아 노동 인구의 10%가 이민자들이다.)

　스웨덴 총선과 프랑스 대선에서 극우정당이 약진한 데 이어 이탈리아에서 무솔리니 찬양 정당이 집권하게 되었지만, 우리는 그리고 세계는 여전히 한가하게 바라보고 있을 뿐이다. '멜로니가 트럼프보다는 덜 과격하지 않을까?' '세계 지정학을 좌우할 러우전쟁에서 젤렌스키 정부를 공개 지지하는 걸로 봐서, 멜로니가 자유주의 세계와 완전히 척질 생각은 없지 않은가?'

　이러한 한가한 비평의 이면에는 21세기형 극단주의 정치에 대한 안이한 인식이 있다. 20세기를 피로 물들였던 극단주의 정치는 국가 폭력과 테러, 군복, 공포정치로 무장했었다. 스탈린, 히틀러, 무솔리니 등.

　한편 21세기 극단주의 정치는 유사 파시즘, 극우 포퓰리즘, 그 어떤 이름으로 부르던 간에 20세기와는 다르게 세련된 분장을 하고 있다. 백인 이탈리아인과 이민자들을 갈라 치면서도 극단의 분열 정치를 따듯함, 가정, 신앙의 분위기로 포장한다. "저는 조르지아입니다". "저는 기독교인입니다." "저는 엄마입니다."(멜로니) 안으로 분열을 조장하고 밖으로 문을 닫아 거는 폐쇄 정치를 따듯한 말들로 포장하며 사람들 마음을 파고든다. 경제정책은 하나도 준비된 게 없지만 고리타분한 기성 정치를 공격할 때의 예리함은 비수와도 같다.

멜로니, 트럼프, 에르도안의 사례에서 보듯이 세련된 방식으로 언론의 자유를 억누르고 가짜뉴스를 눈 하나 깜짝하지 않고 퍼뜨리면서 세계를 어둠으로 몰아가는 21세기 극단주의 정치는 유럽, 미국, 아시아 곳곳에서 착착 세력을 넓혀가는 중이다.

*

결국 질문은 우리에게로 향한다. 우리는 과연 안전한가? 멜로니 정권을 탄생시킨 이탈리아 증후군에서 우리는 자유로운가?

①1990년대 이후 급격하게 쌓여온 정부 부채라는 문제가 있다. 국내총생산(GDP)의 무려 150%에 이르는 거대한 정부 부채는 이탈리아 정부를 옴짝달싹 못하도록 만드는 저주이다. 국가 빚이 이 지경에 이르면 성장은커녕 양극화만 심화될 뿐이다.

나라 경제를 옭아매는 부채가 한 순간에 만들어진 것은 아니다. 인기를 위해 빚을 내서라도 돈 풀기를 남발해온 정치인들과 그들을 지지한 유권자들의 무책임이 쌓이면서 감당 못하게 부풀어 오른 것이다.

②정부 씀씀이를 줄이고자 개혁 정책에 나섰던 실용 정부가 이탈리아에 없었던 것은 아니다. 1990년대 치암피 정부(1993), 디니 정부(1994)를 이끌었던 이들은 이탈리아 중앙은행장 출신으로 나름의 지출 개혁을 시도했다. 하지만 전문 관료들이 이끄는 정부는 개혁에 필요한 에너지를 만들어내지 못하고 허망하게 사라져갔다.

③부패하거나 무능한 정치의 실패가 반복되면서, 이탈리아 유권자들은 반정치를 앞세운 멜로니의 극단주의 정치에 빠져들었다.

*

지난 정부 5년간 우리 정부 빚은 660조 원에서 1,070조 원으로 늘어났다. GDP 비중으로는 36%에서 50%로 팽창한 엄청난 규모다.* 그러나 빚이 쌓여가는 동안에도 한가한 논쟁만이 이어져왔다. 아직도 빚낼 여력이 많다느니, 주요국들과 비교하면 안전한 수준이라는 말들이 한가롭게 오가는 동안 정부와 유권자 일부는 빚잔치에 서서히 중독되었다.

관료주의 색채가 짙은 윤석열 정부는 인기는 없지만, 더 이상 미룰 수 없는 과제를 떠맡고 나섰다. 중앙정부뿐만이 아니라 지방정부, 공기업들에게 허리띠를 졸라매라 재촉하

---

* 기획재정부

며 재정 건전화의 총대를 멨다. 관건은 여소야대, 낮은 지지율 등 정치 자본이 넉넉지 못한 정부가 과연 반대 세력의 저항을 돌파하는 정치력을 발휘할 수 있을 것인가이다.

출범 4개월이 지난 정부가 치암피, 디니 정부가 드러냈던 관료정부의 한계에 갇히게 될 것인지, 아니면 기적적으로 빚잔치를 멈춰 세울 수 있을지는 아직 알 수 없다. 다만 윤 정부가 실패한다면 이는 단지 한 정부의 좌초로 끝나지는 않는다. 빚잔치, 무기력한 정부, 시민들 삶의 양극화라는 3중 파도가 겹치다 보면 한국의 멜로니가 등장하기에 좋은 토양이 된다. 화려한 언변과 재치로 무장하고 등장할 멜로니가 여는 문은 '세련된 21세기형 극단주의' 정치로 가는 길이다.

협치의 성공을 위한 두 가지 조건

취임으로부터 거의 2년이 걸렸다. 윤석열 대통령이 트루먼의 교훈을 깨닫는 데까지. 미국의 33대 대통령 트루먼은 한국전쟁에 미군 파병을 결정한 냉전의 설계자로 유명하지만, 대통령 리더십에 대한 통찰로도 널리 알려져 있다.

대통령은 지시한다. 그리고 다시 또 지시한다.
하지만 아무 일도 일어나지 않는다.

권위에 의존한 하향식 정책 결정으로는 일이 돌아가지 않는다는 사실을 트루먼은 꿰뚫어보았다. 관료들뿐만 아니라 여러 이해 당사자들을 설득하지 못하면 대통령의 정책은 표류할 뿐이라고 본 트루먼의 통찰은 오늘날에도 유효하다.

출범 2년이 지난 지금 윤 대통령은 리더십 1.0에서 2.0으로 변화를 시도하는 중이다. 총선 "민심을 겸허하게 받아들이고, 경청하겠다"고 밝힌 바 있다. 오늘(29일)은 취임 이후 처음으로 거대 야당 대표와 정책 협의 회동을 갖는다. 그동안 언론과 전문가들이 숱하게 주문해온 협치의 길이다.

협치의 길은 다수의 중도가 바라는 바른길이다. 하지만 그 길은 정글을 헤쳐 가듯 험난하다. 뜻밖의 함정들도 있을 것이고(거대 야당 그리고 여당), 비를 피하기도 쉽지 않다(언론과 여론의 비판). 오직 대통령 혼자서 헤쳐 가야 하는 거친 길이다.

대통령이 주도하는 협치의 성패는 결국 ①여당, 야당, 여론과 벌이는 복잡한 협력 게임의 운영과 ②대통령의 정치적 자원(지지율, 권위, 설득력)의 효과적인 운용에 달려 있다.

협치 성공의 두 가지 조건을 하나씩 살펴보자.

먼저 주요 당사자들의 협력 게임의 구조. 협치의 첫 단추라고 할 수 있는 이재명 민주당 대표와의 만남은 외관처럼 일대일 협상의 단순한 구도는 아니다. 협상에 임하는 이 대표가 전적인 자율성을 갖는 것은 아니다. 당을 지탱하는 열렬 지지자들이 수용 가능한 범위 안에서만 윤 대통령과 타협을 주고받을 수 있다. 예를 들면 민주당이 총선 때 맨 앞에 내세웠던 '민생지원금 25만 원 전국민 지급'에 타협의 여지는 얼마나 될까? 이 대표는 어려운 국가 재정 형편을 고려해서 지원금 지급 대상을 대거 축소하거나 차등 지급하는 타협에 선뜻 합의할 수 있을까?

정치학자들이 흔히 양면 게임이라는 부르는 2차원 협상은 윤 대통령에게도 마찬가지로 작용한다. 쟁점 특검 등 다른 사안을 양보 받는 대가로 25만 원 지원금을 전 국민에게 차등 없이 지원하는 데에 합의할 수 있을까? 윤 대통령은 지난 2년간 정부 재정을 엄격하게 집행할 것을 강조해왔고 선심성 현금 지급을 비판해왔는데, 급격한 방향 전환에 나설 수 있을까? 방향을 선회한다면 어떤 논리로 핵심 지지층을 설득할 수 있을까?

윤 대통령과 이 대표가 마주한 양면 협상을 더욱 복잡하게 만드는 요소들은 이뿐만이 아니다. 4월 총선에서 비례득표 24%를 얻은 조국혁신당의 존재는 과연 민주당이 여야 협상 과정에서 쓸 수 있는 레버리지일까, 혹은 부담일까? 조국혁신당의 협력적 견제가 민주당의 협상 입지를 넓혀줄 가능성은 크지 않을 것이다.

협치의 성패를 좌우하는 두 번째 요소는 대통령 권력 자원의 속성과 운영이다. 마치 자연의 법칙과도 같이 대통령의 권력 자원은 시간이 흐를수록 줄어들기만 한다. 권력 자원의 핵심이라고 할 수 있는 지지율, 남은 임기, 대통령 개인의 카리스마는 꾸준히 우하향하기 마련이다. 실제로 윤 대통령의 지지율, 여권 내의 카리스마, 남은 임기는 지난 2년간 꾸준히 하향세를 그려왔다. 지난 총선 결과 역시 이러한 하향세의 한 단면이었다.

그렇다면 위축되는 권력 자원을 갖고 협치에 나서는 윤 대통령의 입지는 계속 좁아지기만 하는가? 곤경을 헤쳐 나갈 방안이 전혀 없는 것은 아니다. 그 길은 대통령만이 가진 권력을 행사하는 방식을 근본적으로 전환하는 것이다.

*

그동안 윤 대통령의 권력은 수직적이었다. 피라미드의 꼭대기에서 대통령이 결정하면, 관료조직이 시행하고 친윤들이 행동한다. 그에 따라 부과되는 정책들로 민생을 살핀다는 것이 수직적 접근의 핵심이다. 하지만 난마처럼 얽힌 의-정 갈등, 대학입시 사교육 혁파 시도 등에서 적나라하게 드러났듯이 수직적 권력 행사는 한국 사회에서 전혀 작동하지 않는다.

민주사회에서 대통령의 권력은 쌍방향 교환을 통해서만 작동한다는 현실을 받아들이면 지금의 흐름을 뒤집을 수도 있다. 대통령으로서 갖는 지위를 기반으로 실제 일하는 이들과 정성껏 소통한다면 대통령의 정책 목표와 이해 당사자들의 직업적 동기, 정치적 이익 간의 교집합을 찾아낼 수 있다.

대통령실 참모들, 관료들, 야당·여당 의원들, 정책 당사자들에게 끊임없이 대통령의 목표를 제시하고 그들의 직업적, 정치적 이해관계와의 공통분모를 찾는 과정 자체가 곧 민주사회에서 대통령 권력이 작동하는 방식이다. 트루먼의 교훈에 다가갈 때 윤 대통령도, 한국 정치도 변화의 실마리를 찾을 수 있다.

정당의 민주화와 협치

불가능해 보이던 경로를 거쳐 책임을 떠맡게 된다면 누구나 그 책임을 대하는 자세 역시 매우 각별할 것이다(이정현 새누리당 대표는 당내 소외지역 출신으로서, 추미애 민주당 대표는 당내 소수자인 여성 정치인의 길을 거쳐 당 대표의 책임을 맡았다). 이번 주 정기국회 정당대표 연설에 나선 이정현 새누리당 대표와 추미애 민주당 대표의 연설문은 따라서 각별한 의지와 책임감이 응축된 문장들이었다.

그러나 12,000여 자(이정현 대표)와 9,900여 자(추미애 대표)를 가득 메운 약속들을 읽어 내려가면서 필자는 한 가지 걱정을 갖게 되었다. 대표 연설문에는 의욕적인 목표들이 즐비하지만 실천의 전략은 빈약해 보였다. 초당적 안보, 일자리 민주화(이 대표), 민생경제(추 대표)의 절박함은 이해되지만 이를 행동에 옮길 전략, 로드맵은 쉽게 찾아보기 어려웠다.

두 정당 대표가 쏟아낸 절실한 과제들이 과연 신3당 체제-여소야대라는 구조를 통과해 세상의 빛을 볼 수 있을까? 의욕적인 대표 연설에도 불구하고 이미 20대 국회는 협치보다는 충돌의 기미가 적지 않다. 문화체육관광부 장관 인사청문회는 여당 의원들의 불참 속에 거의 반쪽으로 진행되다시피 했고, 임명된 지 며칠 지나지 않은 농림축산식품부 장관에 대해서는 야당이 벌써부터 불신임안을 벼르고 있는 형국이다.

*

미국형 대통령 중심제를 받아들이면서 행정부-입법부 권력이 분점되는 현상, 즉 여소야대가 빚어내는 정치적 교착으로 몸살을 앓아온 것은 우리만의 경험은 아니다. 사정이 이렇다 보니 대통령제 원조 국가인 미국의 경험에 눈길이 가는 것은 당연하다.

미국 역시 여소야대 상황에서 적지 않은 충돌이 빚어지곤 했지만 (심지어 1990년대 빌 클린턴 행정부 시절 공화당의 연방 예산안 처리 지연으로 연방정부의 모든 부서가 잠정적으로 문을 닫는 셧다운이 벌어진 일도 있었다.) 그럼에도 민주·공화 양당은 여소야대 구조 속에서도 그럭저럭 협치를 운영해왔다고 할 수 있다. 미국적 해법의 핵심은 대통령의 설득의 힘이었다. 의회 소수당 출신의 대통령들은 상대당 의원들의 지지를 얻기 위해 지역구 사업의 우선 지원, 지역구에 연방예산의 우선 배정, 심지어 설득의 타깃이 되는 야당 의원 부부를 백악관에 1박 2일 초대하기 등의 다양한 카드를 활용했다.

　그런데 이 같은 설득의 정치가 작동하기 위한 결정적인 밑거름은 다름 아닌 '분권화된 원내정당'이다. 미국의 의원들은 공화당이나 민주당 소속에 따른 당론의 구속보다는 자신의 이념성향과 지역구의 여론에 따라 법안·정책에 대해 개별적 입장을 정하는 등 정책적 자율성을 누려왔다. 우리의 상황에 대입해보자면 더민주 소속 의원이라 하더라도 자신의 안보관, 한미 동맹에 대한 신념에 따라 사드 배치를 지지할 수 있는 자유가 곧 의원 자율성의 요체다.

*

　20대 국회에서 정당들이 협치로 나아가는 길을 모색하다 보면 우리는 오랫동안 논의해오던 정당 내부의 분권화라는 익숙한 주제로 돌아오게 된다. 국회가 여야 정당의 극한 대립의 무대가 아니라 타협과 조정이 이뤄지는 정치의 무대가 되기 위한 핵심 조건은 바로 의원 개인들의 정책 자율성에 있다. 의원들이 당론이나 계파의 행동대원에서 벗어나 자유롭게 행동하고 상대당과도 협력할 수 있는 정책 자율성은 당 대표나 지도부의 약속으로 보장되는 것이 아니다. 의원들의 행동을 결정적으로 좌우하는 재선 과정(즉, 정당의 국회의원 후보 공천 과정)이 당 지도부, 대통령의 손을 떠나 유권자와 당원들에게 돌려질 때 의원들은 당론과 계파의 구속으로부터 벗어날 수 있다.

세간의 관심은 이정현·추미애 대표가 내년까지 당의 대선후보 경선을 어떻게 관리해 나갈 것인가에 쏠리고 있지만, 정작 두 대표에게 지워져 있는 당장의 무겁고도 실질적인 과제는 여소야대 3당 체제 하에서 국회와 정당정치를 이끌고 나가는 일이다. 그러나 현재의 당론 정치로는 정당 간 타협과 협치는 불가능할 것이다. 여기에 여야 예비 대선후보들의 샅바싸움까지 본격화된다면 여의도의 정당정치는 마치 남미의 국가들처럼 끝없는 교착과 표류로 점철될 수도 있다.

초당파적 안보, 일자리 민주화(이정현 대표), 민생경제(추미애 대표)라는 과제들은 3당 체제-여소야대 하에서는 오직 정당 간 협치를 통해서만 이룰 수 있다. 그 협치는 의원들이 일사불란한 집단적 사고와 행동을 할 때가 아니라 독립적이고 자율적인 헌법기관으로서 역할을 할 때에만 가능하다. 그동안 불가능해 보이던 길을 걸어온 두 대표가 지난 10여 년간 방황을 거듭하고 있는 국회의원 후보 선출 제도를 확고하게 바꾼다면 우리의 정당정치도 지금으로서는 불가능해 보이는 협치의 길로 들어설 수 있다.

법치와 인치의 시험대

#0. 본론에 앞서 독자들과 만나는 이 지면에 대한 필자의 소회부터 나눠보자. 하루를 시작하는 아침 시간의 약 5분. 독자들께서는 2,400자짜리 이 글을 끝까지 읽는 데에 대략 5분 정도의 시간과 집중력을 쓰게 된다.

불과 수십 초짜리 쇼츠가 콘텐츠 세계를 지배하는 이 시대에 우리는 디지털 쇼츠 시대에 살아남은 외로운 근대인들이다. 자세를 잡고 앉아 무려 2,400자의 문자에 집중하고 그 의미를 파악하는 '읽기' 행위는 이제 천연기념물처럼 귀해지고 있다. 200여 년을 이어온 이 근대적 행위는 요즘 챗GPT에 대한 환호와 경배, 릴스와 쇼츠의 홍수 속에서 점차 희미해져 가고 있다.

그럼에도 불구하고 필자와 독자들은 오늘도 내일도 그 다음에도 읽고 쓸 것이다. 짜릿한 것들은 찰나의 매혹이지만 결국 살아남는 것은 긴 호흡의 이성적 행위들이라고 믿기에.

*

#1. 긴 호흡과 장기 맥락을 중시하는 독서인들이 요즘 생각하는 질문은 이런 것이다. 먼 훗날 한국 민주주의의 흥망성쇠를 돌아볼 때 윤석열 정부는 어떻게 기록될까. 윤 대통령 본인의 희망도, 대다수 지지자의 바람도 하나로 모일 것이다. 법치주의 정부. 민주주의를 괴롭히는 아킬레스건인 다수의 변덕스럽고 무지한 횡포에 맞서 법질서를 고수했던 정부. 역대 정부들이 슬그머니 타협하거나 외면해온 조직화한 강자들(강성노조, 시민단체)의 반칙에 맞섰던 정부. 평생 법조인의 길을 걸어온 윤 대통령으로서는 상상만으로도 가슴이 웅장해질 만한 역사책 속 자신의 위상일 것이다.

#2. 법치주의 대통령으로 기억되고픈 윤 대통령의 핵심 프로젝트를 좀먹는 장애물이 하나 있다. 인치人治의 유혹이다. 민주정치 체제에서 유일하게 전 시민의 참여를 통해 정치적 정당성을 부여받는 대통령에게는 숙명처럼 그림자가 따라붙는다. 제왕적 권력의 유혹이다. 그리고 그

유혹으로 가는 지름길은 절차와 투명성을 무시하는 인치에서 시작된다.

윤 대통령에게 인치의 덫은 멀리 있지 않다. 바로 전당대회를 앞둔 여당에 대한 인적 지배의 유혹이다. 확고한 물증은 없다. 하지만 어지간한 정치 관심층들 사이에서 의구심은 널리 퍼져 있다. 당 대표 경선규칙의 돌발 변경, 일부 인사들의 경선 포기 과정에 드리운 어두운 그림자.

#3. 여당 전당대회의 결과가 어떤 색깔로 나타나든 간에 대통령-여당 관계는 앞으로도 윤 대통령의 정치 자산과 법치주의 프로젝트에 부담으로 작용할 것이다. 일견 흡족해 보이는 일사불란한 여당도, 집안싸움에 허우적거리는 여당도 모두 대통령에게는 짐이다. 일사불란해 보이던 여당이 총선 이후 돌연 대통령에게 등을 돌린 배신의 역사는 반복되어왔다. 또한 자중지란 속의 여당이 대통령에게 큰 부담인 것은 굳이 새삼 강조할 필요조차 없을 터.

#4. 그렇다면 대체 윤 대통령은 대통령-여당 관계를 어떻게 풀어 가야 한다는 것인가. 여당에 대한 인치도 안 되고 방치도 곤란하다니! 명확한 규정, 엄격한 집행이 몸에 밴 법조인 대통령에게는 쉽지 않은 일이다. 하지만 필자는 윤 대통령이 주변을 맴도는, 권력의 꿀이 발린 속삭임을 멀리하고, 멀리서 희미하게 들려오는 역사의 휘파람에 귀

기울인다면 대통령-여당 관계를 원만하게 풀어갈 수 있다고 믿는다.

역사의 휘파람? 역대 대통령들의 고단한 역사가 보여주었듯이 대통령-여당 관계는 정답이 없는 영역이다. 한때 서슬 퍼렇던 전직 대통령도, 정치 9단이라던 김영삼·김대중 대통령도 모두 실패했던 문제가 대통령-여당 관계이다. 너무 꽉 쥐려 해도 실패하고 너무 느슨해도 되는 일이 없는 것이 여당과의 관계다.

#5. 결국 역사가 주는 교훈은 대통령-여당 사이의 민주적 밀당(밀고 당기기)만이 대안이라는 것이다. 민주적 밀당의 세계는 법의 세계와는 사뭇 다르다. 명확한 규칙도 분명한 선악의 구분도 없다. 대통령 리더십과 시민 삶이 걸린 핵심 이슈에서 대통령은 여야의 일치된 지지를 엄격하게 이끌어야 한다.

동시에 여당의 정치인들이 정치적으로 숨 쉴 공간과 여백을 주어야만 한다. 파벌을 짓고 권력 경쟁을 하는 의원들에게, 그리고 어떻게든 주목도를 높여보려는 꿈나무들에게 그들의 공간을 허하라. 물론 법치주의자 대통령에게 쉽지 않은 주문이다.

#6. 필자는 윤석열 정부가 성공하길 바란다. 파국적 분열과 다수결의 숭배로 비틀거리는 한국 민주주의에 법치주의라는 방파제를 착실하게 쌓아 올린 정부가 되길 간절히 희망한다.

윤 정부가 살고 한국 민주주의가 생존하기 위해서는 윤 대통령이 난제를 풀어야만 한다. 그 역사적 해법은 바로 법치, 정치, 인치의 세계를 섬세하게 구분하고 상황에 걸맞게 유연한 권력을 행사하는 것이다. 마치 수시변역隨時變易 하듯이. 여당과의 밀당은 이러한 수시변역 리더십의 시험대이다.

표류하는 K의료

K팝, K방산처럼 우리 자부심의 한 축이었던 K의료가 수개월째 표류하고 있다. 정부와 전공의의 강대강 대치가 반년을 넘긴 가운데 불안한 소식들이 주변을 옥죄어오고 있다. 얼마 전 김종인 전 비대위원장의 응급실 뺑뺑이 회고담, 민주당 김한규 의원 부친의 안타까운 사연, 그리고 평범한 이웃들 사이에 퍼지고 있는 수술 지연 소식으로 불안감은 날로 커가는 중이다.

필수 의료, 지역 의료, 의대 정원 등 복잡한 이슈들이 두루 얽혀 있는 것이 의정 대치이니만큼 먼저 K의료의 핵심부터 짚어보자. 요즘 유튜브에는 한국에 정착한 외국 청년들이 모국의 부모를 초대하여 K의료를 자랑하는 콘텐츠들이 많다. 이들 눈으로 보면 우리 의료의 특징들이 잘 보인다. 미국, 영국 등에서 온 이들은 허리통증 치료를 받기도 하고 무지외반증 치료를 받기도 한다.

이들의 눈에 비친 K의료는, 상당히 저렴한 비용에 누구나 쉽게 접근 가능하고 실력 있는 의료진이 풍부한 효율적인 체제였다. 영국, 미국에서라면 몇 달씩 기다려야 하는 진료예약, 검사예약이 하루 이틀 길어야 몇 주 내로 가능하다. 두 번째로 놀라운 것은 상대적으로 값싼 진료비이다. 간단한 처치, 치료조차 수백 달러에서 시작하는 선진국들의 의료수가에 비해 우리의 진료비는 외국인들로서는 믿기 어려운 수준이다. 게다가 빅5 병원부터 지역병원에 이르기까지 솜씨 좋고 내공 있는 의료진이 즐비한 것이 2월 이전의 K의료였다.

*

지난 2월 정부는 의료 개혁이라는 이름의 제도 변화를 호기롭게 시도했다. 외관상으로는 큰 문제 없어 보이지만, 필수 의료분야 인력 부족, 지역 의료 부실, 고령화 사회라는 현실을 대비하기 위해 의사 수를 과감하게 늘려야 한다는 것이 정부의 입장이었다.

초반에는 여론과 언론이 정부 편을 들었다. 값싸고, 접근이 쉬운 의료 서비스는 당연하고 나아가 진료 과정에서 환자 개인들이 더 배려 받아야 한다고 믿는 여론은 의사들의 기득권을 비판하는 정부에게 섣부른 박수를 보냈다.초반 지지 여론을 등에 업고 정부가 강경한 입장을 고수하자, 반발의 중심에 선 이들은 상급 종합병원의 하부 구조와 궂은일을 떠맡아온 1만 명의 전공의들이었다.

전공의들은 의대 정원을 급격히 늘린다고 해서 지금의 일부 분야 편중이 쉽게 해소되지 않는다고 본다. 그보다는 필수 의료의 수가가 대폭 인상되어야 하고 의료 소송 등의 리스크를 해결하는 것이 우선해야 한다는 것이다. 1만 명의 전공의들은 지난 2월 사직을 하고 병원을 떠났다. 그동안 전공의에 의존해오던 상급 종합병원과 환자들은 지쳐가고 적자는 눈덩이처럼 커지고 있다.

결국 반년 넘게 K의료가 표류하면서 민심의 풍향이 바뀌고 있다. 초반에 의사들 기득권 비판으로 기울던 여론은 최근 들어 실용적 입장으로 급격히 선회하고 있다. 의정 대치에 따른 피해와 불안은 고스란히 환자들과 시민들의 몫이니, 정부와 전공의가 우선 대화를 시작하라는 것이 일반적인 시민들의 바람일 것이다.

여론의 바람과 필자의 생각을 사회과학적인 언어로 표현해보자면, 정부는 추진 중인 의료정책 변화를 거대한 개혁 당위론으로 프레이밍하는 기존의 접근법을 접어야 한다. 관념상으로는 개혁의 대의와 어젠다를 근사하게 설계

할 수 있고, 참된 변화를 거부하는 기득권 집단의 저항을 상상해볼 수는 있다.

하지만 복잡다단한 현실이라는 맥락을 생각해보면, 당장 적용 가능하며 누구나 공감할 만한 제도 변화 패키지라는 것이 과연 존재할 수 있을까? 정부는 개혁의 구세주이고 전공의는 반개혁 집단이라는 흑백 논리는 현실에 부합할까? 예를 들자면, 의대 신입생을 2천 명 늘리기만 하면 필수 의료, 지역 의료는 기적처럼 살아나는가? 사법 리스크를 정리하지 않고서 필수 의료가 명맥을 유지할 수 있을까?

*

필자는 전공의들도 입장을 수정할 필요가 있다고 본다. 시민들은 전공의들의 장시간 노동과 저임금에 기대서 그동안의 K의료가 가능했음을 알고 있다. 이 문제들에 대해 정부도 충분히 공감을 표명하는 것을 전제로 전공의들은 정부와 대화에 나서야 한다. 전공의 처우 개선, 필수 의료·지역 의료 살리기에 대한 현실적 대안들을 찾는 논의 과정에서 전공의들은 공동 주연이 되어야 한다.

정리하자면, 윤석열 정부는 아마도 자유와 민주를 지킨 정부로 역사에 기억되고 싶은 듯하다. 하지만 그처럼 강조하는 자유의 세계에서 뚜렷한 선과 악, 개혁과 반개혁의 선명한 구분은 있을 수 없다. 충돌하는 견해, 상반된 입장에 대한 열린 태도가 곧 자유주의의 출발이다.

　정부는 의료정책의 총괄 기획자라는 팽창된 자의식과 개방적인 태도 사이에서 균형을 찾아야 한다. 전공의들은 전문가로서 추구하는 자율성과 의료 종사자로서의 공공 의식 사이에서 현실적 균형을 찾아야만 한다. 시민들은 하루하루 가슴을 졸이고 있다.

2장

다수의 폭주를
어떻게 제어할까

"근대 민주주의의 역사는 사실 다수의 폭주를 어떻게 제어할지를 고민해온 과정이었다."

다수당의 질주 vs. AI 시민 대표

새해 새 아침, 필자의 소망은 소박하다. 한때는 사소해 보였던 고마운 일상으로 돌아가고 싶다. 코로나 휴직 중인 이들은 일터로, 자영업자들은 다시 떠들썩해질 가게로, 시니어들은 코로나 공포 이전으로 돌아가기를 소망한다. 소박한 일상의 회복에는 코로나 전쟁 중에 기울어진 건강권과 프라이버시 불균형의 회복도 포함된다. 바이러스와 싸우느라 우리는 어딜 가고 누굴 만나는지를 통째로 파악당하는 빅데이터 기반의 K방역에 동의하고 적극 참여해왔다. 새해에는 자유와 프라이버시의 일상을 되찾고 싶다.

정치학자로서 필자의 소망은 다수파 입법 엘리트들이 주도하는 '촛불혁명의 정치'를 넘어 민주정치의 일상성을 회복하는 것이다. 180석을 거느린 거대 여당은 지난 한해 촛불혁명의 적자를 자임하며 '혁명 입법'에 몰두해왔다. 하지만 거대 여당의 지지율 30%는 혁명적 실험에 대한 시민들의 피로감의 표현이다. 시민들은 요란한 이념의 실험보다 사소한 일상이 삶의 진실에 가깝다고 느낀다.

*

촛불혁명의 깃발 아래 어지러운 입법 실험을 거듭하는 여당 엘리트들의 질주를 제어하는 세 가지 길을 생각해보자. ①권력의 절제와 관용 ②입법 권력에 대한 다른 권력의 통제 ③시민들 스스로 자신들의 의견을 두루 집적한 빅데이터를 구성하고 이에 기반한 시민들의 인공지능 쌍둥이가 입법 권력을 모니터링하는 길.

①, ②는 독자들께서 익히 들어보았을 방식이다. ③은 정치학자의 한가한 잠꼬대로 들릴 수 있다. 하지만 정부가 시민들의 일상을 낱낱이 추적하는 빅데이터를 통해 K방역을 주도하듯이, 빅데이터는 역으로 시민들이 입법 엘리트들의 폭주를 모니터링하는 도구가 될 수도 있다.

우선 고전적인 권력 제어 방식들이 한국에서 작동하지 않는 이유부터 살펴보자. 첫째, 권력의 절제와 관용. 근대 민주주의의 역사는 사실 다수의 폭주를 어떻게 제어할지를 고민해온 과정이었다. 엘리트들은 권력을 장악하는 순간부터, 자신들은 시민들 전체로부터 자율적인 주권을 넘겨받은 것으로 자처해왔다. 그에 따라 다수파 엘리트들은 주권자인 시민 전체에게 자기들 이데올로기를 오히려 종용하는 일을 벌이곤 했다.

질주하는 다수파 엘리트에게 절제와 관용의 미덕을 발휘하라는 주문은 한국 의회 정치에서는 공허한 언어이다. 지금의 야당도 의회 다수를 장악했을 때, 다수의 권력을 맘껏 휘둘러왔다. 작은 타협과 절제는 있었지만, 중대 이슈에서는 보수, 진보 구분 없이 다수파의 폭주가 반복되어 왔다. 보수정당이 빈약한 근거로 노무현 대통령을 국회에서 탄핵했던 일이 그리 오래된 역사가 아니다.

둘째, 다수파 엘리트들에게 절제와 관용의 덕을 기대하느니, 차라리 야심은 또 다른 야심으로 견제한다는 구상이 권력 분립이라는 제도적 해법이다. 미국의 헌법 제정자들이 입법 엘리트(하원)의 임기를 2년으로 제한하고, 법을 최종 해석하는 대법원 판사들의 임기를 종신제로 한 까닭이 여기에 있었다. 하지만 혁명의 입법자를 자임하는 지금의 여당에게 권력 분립이라는 제도는 거추장스러운 적폐일 뿐이다.

결국 남은 방안은 주권자인 시민들(촛불집회의 실제 주인이었던)이 직접 나서는 길이다. 빅데이터와 머신러닝의 진전에 따라서 시민들이 입법 엘리트의 질주를 직접 견제하고 모니터링하는 길은 새로운 가능성을 맞고 있다.

혁신의 나라 뉴질랜드는 샘SAM이라는 인공지능 정치인을 선구적으로 탄생시켰다.*

샘은 증강된 데이터 처리 능력을 통해서 시민들이 많이 읽는 뉴스 사이트, 소셜미디어에 올라오는 댓글, 포스팅 등으로부터 시민들의 집합적 의견을 실시간으로 축적하고, 이를 통해 시민들을 직접 대표하고자 설계되었다. 샘은 자연어 추론을 통해 시민들이 소셜미디어에 남기는 의견의 톤과 감정까지 유추할 수 있다. 데이터 축적과 자연어 추론, 인지 아키텍처를 통해서 샘은 궁극적으로는 의회에서 논의 중인 법안 내용과 시민들의 집합적 의견의 일치도를 계산할 수 있게 될 것이다. 마치 넷플릭스가 메인 화면의 추천 영화와 필자의 취향 일치도가 91%라고 표시해주듯이.

*

물론 한국의 입법 엘리트들은 인공지능 시민 대표의 보안성, 중립성, 외부 조작 가능성을 거론하며 거세게 반대할 것이다. 하지만 빅데이터와 알고리즘에 기반한 디지털 쌍둥이들은 이미 우리 일상생활 깊숙이 들어와 있다.

---

* politiciansam.org

K방역의 동선 데이터, 네이버, 카카오, 쿠팡에는 우리의 취향, 성향, 견해를 무서운 속도로 축적하는 디지털 쌍둥이들이 커가고 있다.

자율주행차가 수많은 운전기사들의 일자리를 위협하듯이, 질주하는 입법 엘리트들을 당장 인공지능 시민 대표들로 대체하자는 말이 아니다. 오늘은 다만 시민들의 디지털 쌍둥이들로 하여금 입법 엘리트들이 독과점하고 있는 입법 과정을 모니터링하는 세상을 상상해보자는 것이다. 빅데이터와 알고리즘이 정부와 권력의 전유물일 수 없다. 시민들의 디지털 쌍둥이는 입법 엘리트에게 긴장감을 불어넣는 시민 주권 회복의 한 도구가 될 수 있다.

시대정신에서 밈으로

제목에서 '시대정신'에 눈길이 먼저 가는 독자들은 아마도 필자와 같은 시대를 살아오셨을 듯하다. 정치가 시대정신을 담아야 한다고 믿던 세대. 한편 밈meme이라는 단어가 먼저 눈에 띄는 독자들은 상대적으로 젊은 독자일 듯하다. (원래는 하나의 문화가 살아 있는 존재처럼 세대를 넘어 보존, 전파되는 것을 밈이라 불렀었다. 최근 들어 밈은 온라인에서 모방과 변주를 통해 사람들 사이에 전파되는 생각, 스타일, 행동을 일컫는다.)

최악의 네거티브가 난무하는 이번 대선에서 슬그머니 사라진 것은 시대정신이라는 핵심어다. 여야 후보들은 대동 세상, 공정, 상식 등을 내세우지만 보통의 중도층들이 기대하는 시대정신에는 미치지 못하고 있다.

후보들도 안다. 시대정신 같은 거창한 말보다 가볍고 단순한 온라인 밈이 더 효과적이라는 것을. 이재명 후보는 이달 초에 탈모 치료를 의료보험으로 지원한다는 내용의 동영상으로 대박을 쳤다. 찬반 논란이 없지 않았지만, 동영상 속 이 후보의 표정은 수백 가지의 패러디 영상으로 확장되며 한동안 온라인을 달구었다.

윤석열 후보가 내놓은 59초짜리 동영상, 페이스북 메시지 시리즈 역시 청년 유권자들을 겨냥한 밈 던지기이다. 어제 페이스북 메시지는 '주식 양도세 폐지' 일곱 자였다. 실제 윤 후보의 청년층 지지율은 밈 던지기와 더불어 꾸준히 오르고 있다.

*

하루에 몇 시간씩 스마트폰에 얼굴을 파묻고 지내는 요즘, 스마트폰 속의 밈이 시대정신을 대체해 가는 흐름을 되돌릴 수는 없다. 다만 필자는 밈 정치가 과연 우리 민주주의를 구할 수 있는가가 궁금하다. 라디오, TV, 이메일이 처음 등장했을 때와 마찬가지로 밈이라는 새로운 소통 방식에 대한 찬양과 기대는 차고 넘친다. 내용이 단순해서 쉽게 전달된다. 수많은 이들이 쉽게 참여해서 원래의 콘텐츠를 변형하거나 뒤틀면서 무한 확장되고, 이를 통해 재미와 공감이 퍼져나간다 등등.

그렇다면 밈 던지기에 성공한 새 대통령은 온라인 밈이 상징하는 가치들, 즉 개방, 참여, 창의, 평등의 정치를 열어 갈 것인가? 예전에 시대정신을 내세웠던 선거운동이 하향식이고 엘리트 주도적이었다면, 밈의 정치는 시민들과 대통령 권력이 수평으로 소통하는 세계로 가는 길인가?

두 가지 가능성이 모두 열려 있다. ①밈이라는 새로운 방식이 개방, 참여, 창의 가치와 선순환을 이루면서, 그동안 권력만 움켜쥔 채 경직되어 있던 정치를 바꾸어 가는 희망의 시나리오. ②후보들의 밈 던지기는 표를 얻기 위해 잠시나마 젊은 층의 관심을 끌기 위한 도구에 지나지 않고 청와대에 들어간 이후에는 다시 과거의 제왕적 권력으로 돌아가는 회색 시나리오.

외국의 사례들을 살펴보면, 밈으로 산뜻하게 출발했다가 흐지부지된 경우는 허다하다. 예를 들자면, 수십 년 만에 터진 엄청난 금융위기(2008년) 속에서 "그래 우리는 할 수 있어Yes, we can"라는 희망의 밈을 던졌던 미국의 오바마 후보는 처음에는 소통과 분산의 가능성을 가진 밈 리더로 보였다. 젊은 유권자들과 소외 계층은 오바마가 내뿜는 매력과 결합된 희망의 밈 던지기에 열광했다. 하지만 백악관에 들어간 후, 공화당의 끝없는 견제와 오바마 본인의 고독하고 고고한 캐릭터가 드러나면서 오바마의 밈은 서서히 사라져갔다.

다시 우리 현실로 돌아와보면, 결국 우리의 관심은 이번 봄에 선출되는 당선자가 과연 선거 이후에도 밈의 가치, 개방, 소통, 시민참여를 지켜갈 수 있는가에 있다. 유권자들은 이미 여러 차례 약속이 부도난 것을 경험한 바 있다. 선거운동 기간 중에는 온갖 소통과 분권, 참여를 약속했지만 당선 이후에는 청와대 깊은 곳에 홀로 파묻힌 대통령들을 여러 차례 겪어왔다.

*

40일 후면 등장하게 될 새 대통령 당선인이 낡은 정치를 청산하고 소통의 밈을 이어가려 할 때 여러 가지 난관에 부딪치겠지만, 가장 강력한 난관은 이미 알려져 있다. 바로 여야 정당의 '핵관'들이다.

여야 주요 후보 모두 정당정치의 경험이 짧기에 정당에 포진하고 있는 중진의원들이 대통령의 눈과 귀를 가리기는 어렵지 않다. 수십 년을 갈고 닦은 매끄러운 충성스런 태도와 말솜씨는 대통령의 판단과 시야를 가리기에 충분하다. 실제로 여야 정당의 핵관들이 득세하던 시기에 후보들의 선거운동은 맥락 없는 발언과 시행착오로 어지러웠다.

정리하자면, 밈이란 그저 스쳐가는 유행이 아니다. 필자를 포함한 세대에게 밈은 일견 가벼워 보이지만, 그 발랄함은 부럽기도, 낯설기도 하다. 하지만 스마트폰을 손에 쥐고 태어난 세대에게 밈은 뻣뻣하게 굳은 채 부스러져 가는 권력의 해체이고 흥겨운 난타이다. 함께 만들어가는 밈 속에서 그들이 주인공이다.

결국 선택은 새 당선인의 몫이다. 선거 때에만 밈을 이용했던 디지털 정치인으로 남을 것인지? 개방과 참여를 통한 밈 리더의 시대를 열 것인지?

무소불위 국회 권력과 필터 버블

미국의 수도 워싱턴 DC에는 고층 건물이 없다. 하얀색 연방의회 의사당 돔 위에 서 있는 콜럼버스 동상보다 높은 건축물은 거의 찾아보기 어렵다. 1910년 개정된 '건물 높이 제한법'이 약 49미터를 기준으로 제시하면서, 의사당 건물은 제1의 권력을 과시하듯 권력의 도시 워싱턴을 내려다보게 되었다.

의회의 권력 과시 욕망은 워싱턴에서 멀리 떨어진 이 땅에서 기이한 방식으로 이어지고 있다. 제철을 맞은 우리 국회는 요즘 행정부 피감기관들을 호령하고 사법부를 옥박지르느라 바쁘다. 국회라는 조직체의 어원인 '말하기(프랑스어 parler에서 비롯된 parliament)'는 우리 국회에서 사라진 지 오래다. 말 대신에 고함과 핀잔, 꾸중과 벌세우기만

이 난무할 뿐이다. 오직 의회 주권만이 신성하다. 삼권분립은 시들어 가고 있다.

여러 이유를 꼽을 수 있겠지만, 필자는 의원들의 폭주가 이어지는 데에는 정치 권력과 글로벌 테크 기업들 사이의 우연찮은 협업과 그에 따른 민주주의의 위기가 작동한다고 본다. 오늘날 모든 개인은 아마존, 구글, 메타 등 빅테크 기업들이 쳐놓은 디지털 필터 버블 속에 갇혀 살아간다. 개인의 하루는 알고리즘이 추천해주는 콘텐츠와 동영상, 쇼츠로 채워진다. 나와 다른 의견, 취향은 걸러져서 내게 도달하지 않는다. 오직 내 입맛과 취향을 자극하는 디지털 알고리즘의 세계에서 살아간다.

따라서 정치 권력자들은 필터 버블에 갇힌 지지자들을 자극하기만 하면 권력을 유지할 수 있다. 적대 세력은 물론이고 사법부마저 더 자극적인 방식으로 굴복시킬 때 필터 버블 속 지지자들은 열광한다. 결국 필터 버블을 매개로 해서 빅테크는 돈을 벌고 의원들은 권력을 유지한다. 그 사이 민주주의는 멍들어 간다.

*

좀 더 구체적으로 빅테크, 필터 버블, 정치 권력의 관계를 살펴보자. 2000년 마이크로소프트가 세계 시가총액 1위 기업으로 올라섰다. 이어서 2014년 애플이 1위 기업을 이어받고 메타, 아마존, 구글이 주변을 둘러싸게 되었다. 그에 따라 세계는 개인들의 행위에 대한 세밀하고 방대한 데이터를 기반으로 이윤을 올리는 행위 기반 데이터 자본주의를 맞이했다.

빅테크 기업들은 개인들의 일상 행위(먹고 마시기, 쇼핑하기, 온라인 친구들과 수다 떨기, 좋아요 누르기)에 대한 방대한 데이터를 활용해 수익을 창출한다. 개인들은 무료로 인스타그램, 페이스북, 유튜브를 사용하는 대가로 삶의 시시콜콜한 데이터를 제공한다. 빅테크 기업들은 인간 행위 데이터를 기반으로 설계된 광고로 수입을 올리거나 물건을 팔고(메타, 아마존), 디지털 세계로 접속하는 스마트폰을 팔아(애플) 막대한 이윤을 남긴다.

그러는 동안 개인들은 유튜브와 인스타그램을 구동하는 알고리즘이 설정해놓은 반향실에 갇혀 사는 신세가 되었다. 평균적 한국인이 하루 2~3시간을 소비하는 유튜브 콘텐츠는 스스로 선택한 것이 아니다. 유튜브 시청의 70~80%는 알고리즘이 개인 맞춤형으로 추천하는 콘텐츠다. 개인의 성향을 충족하는 정보와 뉴스들만 선별적으로 제공된다. 이견은 삭제되어 보이지 않는다. 필터 버블 안에서는 오직 믿음이 확고해질 뿐이다.

여당(민주당) 지지 성향의 필터 버블 안에서는 대법관을 26인으로 늘리든 36인으로 늘리든 열광적인 박수가 이어진다. 토론은 사라지고 오직 사법부의 문제를 들추는 쇼츠 영상들만 난무한다. 대법원 개편에 앞장서는 의원들의 언행은 필터 버블 안에 갇혀 있는 여당 훌리건을 향한 몸짓일 뿐, 평균의 시민들은 관심의 대상이 아니다. 그렇게 민주주의는 허약해져 간다.

*

빅테크들만이 데이터로 우리 삶을 옥죄는 것은 아니다. 우리 정부는 욕심 많은 데이터 국가라고 불러도 무방할 만큼 개인들의 생체, 경제사회 활동에 관한 방대한 데이터를 수집하고 보관해왔다. 일반적인 자유주의 국가와는 비교가 되지 않을 정도로 방대하고 치밀하게 시민들 개인의 데이터를 축적해왔다. 코로나가 한창이던 시절에는 개인 스마트폰과 무선 통신회사를 통해서 우리가 어디에 가고 몇 시에 누구와 만나서 시간을 얼마나 보내는지까지 세밀하게 추적하기도 했다.

지난달 대전 국가정보자원관리원에서 일어난 불의의 화재는 데이터 국가의 보안이 취약할 때 벌어질 수 있는 데이터 재난의 예비 경보였다고 할 수 있다. 전자신분증, 우체국 금융처럼 사활적인 데이터 복구가 지연되면서 관련된 이들의 일상은 일시 정지 상태가 되었다.

어쩌면 정당들과 현대국가라는 권력체들은 이미 데이터 자본주의 시대에 살아가는 데 적응을 마쳤다고도 할 수 있다. 필터 버블에 갇혀 있는 개인들을 자극함으로써 권력을 유지할 뿐 공공의 이익 따위에는 관심이 없는 정당들. 데이터를 기반으로 통치력을 강화한 국가. 결국 요체는 모든 권력의 원천이어야 할 개인들의 반격은 언제 어떻게 가능할까의 문제이다. 데이터 주권 운동, 디지털 정체성, 탈중앙화 운동 등에 희망을 걸어야 하지 않을까.

당정 갈등, 너무나 한국적인 정치 퇴행

찰리 채플린의 원근법 얘기로 시작해보자. 인생은 가까이서 보면 비극이고 멀리서 보면 희극이라던. 채플린의 원근법을 뒤집어 보면 요즘 대통령실과 여당 대표가 지루하게 이어가는 당정 갈등의 그림이 눈에 들어온다. 미시적으로 보면 윤-한 갈등은 권력자들끼리 벌이는 한시적 정치 희극이다. 하지만 멀리서 바라보면, 한국 대통령제의 무기력과 퇴행이 드러나는 비극이다.

근접해서 보면 당정 갈등은 사소한 밀당의 희극이다. 둘이서만 만나는가, 여럿이 만나는가, 누가 먼저 연락을 취했는가 등의 사소함이 본질을 압도하고 있다. 게다가 수십 년간 동고동락해온 선후배가 대통령과 여당 대표의 자리에 마주 서서 벌이는 권력 갈등이니만큼 그 자체가 관심거리이다. 아울러 의외의 조연들이 불쑥불쑥 튀어나오면서 예상 밖의 반전이 이어진다. 이 갈등이 어디까지 확산할지 알 수 없다는 점에서 관객들이 눈을 떼기 어려운 권력 드라마이다.

하지만 좀 더 멀리서 바라보면 요즘의 당정 갈등은 대다수 대통령제에서 비슷한 사례를 찾아보기 어려운, 지극히 한국적인 권력 다툼이다. '제왕적 대통령-당 총재' 겸임이라는 구모델을 넘어서려는 권력 분산의 실험이었지만 그 실험은 실패한 듯하다. 달리 말해 지금의 당정 갈등은 권력 분산의 제도를 운용할 정치 문화가 전혀 자리 잡지 못한 우리 대통령제의 무기력, 한국 민주주의의 퇴행을 상징한다.

*

먼저 대통령과 여당 대표가 갈등하는 한국적 현상의 뿌리부터 살펴보자. 우리에게는 이명박 대통령과 박근혜 당 대표의 갈등을 비롯하여 사뭇 익숙한 관습이다.

하지만 대표적 대통령 중심제 국가인 미국의 역사를 돌아보면 현직 대통령과 여당 대표의 갈등이란 매우 낯선 얘기이다. 우리네 여당의 당 대표에게 해당할 만한 직위로서 당 전국위원회 의장 등이 있기는 하지만 이들의 권한은 매우 제한적이다. 다시 말해 대통령과 여당 대표가 정치적 자원을 소모하는 갈등을 벌이고, 그 결과로 정책 논의는 뒷전으로 밀려나는 권력 게임은 한국 정치의 고유한 현상이다.

모두 기억하다시피 대통령-여당 대표의 이인삼각 체제의 뿌리는 양 김 시대 제왕적 대통령(당 총재 겸임)에 대한 반작용에서 비롯되었다. 정당을 제왕적으로 지배하던 김영삼, 김대중 총재가 각각 대통령에 선출되면서 여당의 공천, 자금 등이 모두 제왕적 대통령의 관할이던 시대가 있었다.

이후 양 김 대통령의 퇴장과 더불어 정당의 민주화, 개방화 바람이 불었고, 이 과정에서 대통령의 평당원화, 당 대표 선출에 당원과 여론의 뜻이 반영되는 절차가 도입되었다. 이에 따라 나름의 독자적 정당성을 갖는 당 대표가 등장할 수 있는 환경이 조성되었다. 하지만 대통령은 행정부를 이끌고 여당 대표는 당을 이끈다는 아름다운 권력 분산은 현실에선 작동하지 않았다. 윤석열 대통령의 권력 자원이 상대적으로 넉넉하던 임기 전반 2년여 동안 당정 관계는 대통령실의 독주 체제였다. 여당 대표는 대통령과의 갈등 혹은 이런저런 이유로 숨 가쁘게 교체되어왔다.

윤 대통령의 임기가 중간 반환점 부근에 오고 지지율이 20% 선에 머무는 현상이 지속되면서 대통령-여당 대표의 관계는 본격적 갈등 국면으로 들어서고 있다. 권력이 있는 곳에 투쟁이 있게 마련이지만, 정치학자의 관점에서 보자면 그저 한국 민주정치의 미성숙의 한 단면일 뿐이다. 민주화의 역사가 40년 가까이 흐르고 있지만, 당정 관계는 대통령 임기 초반에는 대통령에 의한 유사類似 제왕적 지배가 이뤄지다가 임기 후반에는 지리멸렬한 갈등의 폭발로 이어지는 냉탕-열탕의 무한 반복일 뿐이다.

무능력의 핵심은 제도·절차는 대체로 정돈되어 있지만 일상적으로 민주주의를 운영하고 이끌어가는 민주주의의 습속과 문화가 우리 사회에 전혀 뿌리내리지 못하고 있다는 데에 있다.

대통령의 평당원화, 당원-지지자들의 기반을 가진 당 대표라는 이원적 권력 체제를 도입했다면, 이러한 제도의 성패는 대통령실과 여당 대표의 민주적 운영 능력에 달려 있기 마련이다. 설사 감정의 골이 깊어도, 정치적 목표가 서로 달라도, 대화와 소통으로 정책 결과를 산출하라는 것이 권력 분산의 목표였다. 하지만 현실은 판이하다. 의료 갈등이 당정 갈등의 소용돌이에 휘말리자 오히려 의료 위기의 해법은 더욱 갈피를 못 잡고 있다.

결국 당정 갈등이라는 희비극을 통해 우리는 민주정치의 오래된 교훈으로 다시 돌아가게 된다. 제도의 도입은 쉬워 보일 수 있다. 하지만 제도의 운용은 훨씬 더 성숙한 능력을 필요로 한다. 20년 전 당정 간에 권력 분산 장치들이 도입될 때 그 뜻은 그럴싸해 보였다. 전문가도, 언론도, 모두 손뼉 치던 사안이었다. 하지만 그동안 확인된 것은 우리 정치는 권력 분산을 운영할 역량도, 의식도 갖추지 못했다는 씁쓸한 현실뿐이다.

흔들리는 양당 체제

민주화 이후 한국 정치를 규정해온 양당 체제가 무너지고 있다. 야당인 국민의힘은 유의미한 정치 세력으로서의 힘, 권위, 호소력을 잃고 있다. 반면에 175석의 거대 의석, 대통령의 행정 권력 등을 두루 갖춘 민주당은 민주화 이후 최대 권력을 쥔 패권 여당으로 올라서고 있다. 민주당은 이제 고만고만한 군소 야당들 위에 우뚝 선 헤게모니 세력으로 유지될 것인가. (지금 누가 국민의힘의 미래에 관심이 있겠는가?)

일본 자민당처럼 민주당은 장기 집권의 입구에 들어선 것일까. 민주당은 내년 지방선거에서 전국을 파랗게 물들이고 그 여세를 앞으로도 몰아갈 것인가. 몇 가지 신호는 그렇다고 답하고 있다. 첫째, 자진 붕괴의 길을 걷고 있는 국민의힘의 처참한 상황. 둘째, 민주당 지지의 중핵을 이루고 있는 수도권 40·50이 한국 사회의 다양한 영역에서 발휘하는 이슈 주도력.

반면에 민주당 권력이 항상 순조롭기는 어렵다는 신호도 있다. 최근 자본시장 활성화, 세제 개편 과정에서 드러난 바와 같이 이재명 대통령의 실용적 접근과 민주당 일부의 이념적 고집의 불협화음은 앞길이 마냥 순탄하지만은 않으리라고 예고한다.

*

먼저 파란 신호등부터 검토해보자. 민주당 권력 지속의 첫째 조건은 존폐의 위기로 내몰리고 있는 보수정당 국민의힘의 무기력이다. 시계열을 짧게 보자면 국민의힘은 12·3 계엄 사태 이후 지리멸렬의 길을 걸어왔다. 12월의 그날 밤 결정적인 역사의 갈림길에서 계엄 해제 표결에 대거 불참함으로써 국민의힘은 스스로 주변화하는 길로 들어섰다. 이후에도 윤석열 전 대통령의 탄핵 반대에 미련을 갖느라 정치적 고립은 날로 심화되었다. 허약해질 대로 허약해진 국민의힘은 이제 극우 세력에 납치될 것을 걱정해야 하는 지경에 이르렀다.

시계열을 넓혀서 보자면, 지난 수십 년간 산업화-민주화-세계화의 흐름 속에서 나름의 주도적 역할을 해왔던 보수정당은 양극화, 민주주의의 동요, 탈세계화라는 21세기의 새로운 조류 속에서 낙오하고 있다. 주요 지지 세력은 산업화의 향수에 갇혀 있는 고령 세대로 위축되고 있다. 의원들의 주력은 산업화 시대의 국가 주도, 위계적 문화, 권위적 정치에 젖어 안주하는 이들이다. 고리타분한 국민의힘의 문화와 윤석열 정부가 만나서 빚어낸 결과가 계엄이라는 파국적 결말이었다.

대안 세력의 파국이라는 배경만 강조해서 보면 민주당의 권력은 철옹성처럼 보인다. 하지만 권력이 커지고 세력이 확장된 만큼 내부의 불협화음이 커질 수 있다. 간단한 예가 최근 주식시장을 포함한 자본시장 활성화라는 이재명 대통령의 정책과 이에 대한 민주당 일부의 저항이다.

이재명 정부가 코스피 5000으로 상징되는 자본시장 활성화를 임기 초에 의욕적으로 추진한 것은 명분과 실리를 두루 겨냥한 정책이었다. 한편으로 상법 개정을 통해 기업 거버넌스를 개혁하면서(후속 조치로 거론되는 기업인 배임죄 완화, 차등의결권 등은 아직 논의 중이다.), 동시에 부동산에 지나치게 쏠려 있는 시민들 자산을 금융화하는 정책 방향은 대체로 수긍할 만하다.

실제로 상법 개정이 이뤄지고 배당소득 분리과세 등이 가시화되면서 코스피 지수는 이재명 정부 출범 이후 폭발적으로 상승했다.

*

탄력을 받던 이 대통령의 자산 금융화 정책은 일부 민주당 의원들이 끼어들면서 혼탁해지고 있다. 논란은 민주당 정책위 의장이 기존에 당정 논의를 이끌던 이소영 의원의 배당소득 분리과세안(기존 최고세율 49%까지 걷던 배당소득세를 나머지 소득과 분리해서 징수하고 최고 세율은 25%로 조정하는 방안)을 부자 감세라고 비판하고 나서면서 확산되기 시작했다. 게다가 주식양도세를 내는 대주주 기준을 종목당 50억 원에서 10억 원으로 낮추는 안이 불거지면서 코스피 지수는 크게 흔들렸다. 이렇게 되자 온라인 커뮤니티, 카페 등에는 민주당의 부자 감세론이 시장경제에 무지한 운동권의 논리라는 비판이 봇물을 이루고 있다.

이러한 논란은 하나의 예고편인가? 이재명 정부를 특징짓는 실용 비전, 즉 AI 선도국가로 가는 대규모 투자, 국가 에너지 구조의 전면 개혁 등의 고비마다 민주당 운동권과의 불협화음은 반복될 것인가?

열쇠는 민주당의 주력 지지층인 수도권 40·50이 쥐고 있다고 본다. 이들은 오래전 청년 시절 노무현 대통령의 실용 정책이 당시 여당의 경직된 이념과 충돌하며 겪는 어려움을 지켜본 바 있다. 이들은 또한 노무현 대통령이 추구했던 실용적 선택으로서의 한미 FTA(그동안 무관세로 미국 수출을 가능하게 했던) 등이 지난 20여 년 우리가 선진국 문턱까지 올라오는 밑거름이었음을 직접 경험해왔다. 이들 40·50이 이재명 대통령의 실용 접근과 얼마나 공명하는가에 따라 민주당의 미래가 좌우되지 않을까.

국회는 리콜이 안 되나요?

간단한 퀴즈로 시작해보자. 민주화 이후 대통령들 가운데 면직(탄핵)으로 내몰렸던 사례는? 6명 중 2명(33%). 같은 기간 연인원 2천여 명의 국회의원 가운데 의원직 제명으로 물러난 사례는? 0. (의원을 탄핵할 헌법적 근거는 없다.)

대통령의 임기는? 5년 단임. 국회의원은? 한 번에 4년씩이며 연임 제한이 없다. 현재 5선 이상 국회의원만도 10여 명이다.

이 간단한 숫자들에 따르면, 대통령직은 극한 직업이고 국회의원은 최고의 직업이다. 제명의 위험도, 실패의 책임도 없는 헌법기관이 국회다. 견제를 받지 않으니 폭주가 다반사다. 요즘 두 가지 엇갈린 폭주가 이어지고 있다. 한편으로 절박하게, 또 한편으론 한가롭게.

절박한 폭주는 검수완박이라는 이름하에 형사소송법, 검찰청법을 개정하려는 거대 야당의 폭주. 또 다른 하나는 얼마 전 젤렌스키 우크라이나 대통령 국회연설 때 드러난 여야 합동 무책임의 폭주. 두 사태에 대한 날선 비판은 차고 넘친다. 비판을 더 보태고 싶지는 않다. 그보다는 폭주를 멈춰 세우고 의원들에 대한 민주적 통제를 강화하는 길을 생각해보아야 할 시점이 아닐까?

*

국회의원들을 어떻게 민주적으로 통제할지에 대해서는 이미 많은 대안들이 나와 있다. 그 가운데 필자는 ①국민소환제 논의의 부활과 ②의정활동 평가에 초점을 맞춰보려 한다. 변화의 대안들을 살펴보기 전에 먼저 젤렌스키 대통령의 국회 연설 참사를 통해 드러난 의원들의 무책임과 직무 태만부터 돌아보자. 우크라이나에서 벌어지는 전쟁의 비극은 우리가 살아가는 세계의 차가운 진실을 낱낱이 드러낸다.

첫째, 우크라이나에서 평화, 세계화, 경제통합이라는 근사한 말들은 무참히 짓밟히고 있다. 그럴싸한 말의 자리를 메꾸는 것은 강대국, 군사력, 동맹, 첨단무기로 상징되는 살벌함과 힘의 위력이다. 공동체의 생존 방식이 바뀌고 대결과 동맹의 단층선이 새로 그어지는 결정적 전환 앞에서 의원들은 한가하게 뒷짐을 지고 있다. 냉전의 구도를 뒤집어놓았던 미중 데탕트(1972)와 글로벌 금융위기(2008) 때에도 그랬듯이.

둘째, 동유럽에서 벌어지는 러우전쟁은 당장 우리 시민들의 삶을 옥죄는 글로벌 애그플레이션의 뇌관이다. 이미 슬금슬금 오르는 조짐을 보여왔던 세계 농산물 지수는 러우전쟁을 계기로 두어 달 사이 대략 40% 가량 올랐다. 마트나 재래시장에 한 번만 나가보면 사람들의 장바구니가 쪼그라드는 것을 확인할 수 있다. 시민들의 어두운 삶을 외면하고 국회는 검수완박 법안을 둘러싼 대충돌에 몰두할 뿐이다.

의원들에 대한 민주적 통제를 강화하는 가장 현실적인 방안은 의원에 대한 국민소환제(선거를 통해 선출된 대표를 선거권자들이 투표로 파면할 수 있도록 하는 제도)이다. 실제로 몇몇 의원들은 이 제도의 도입을 위해 노력해왔다. 의원소환제와 관련한 현직 의원의 발언을 옮겨보자.

"국민소환제를 도입해야 한다는 청와대 청원은 동의자 수가 벌써 20만 명을 넘겼고, 여론조사 결과 국회의원을 퇴출하기 위한 절차가 필요하다는 데 찬성한다는 여론이 77.5%에 달한다."(2019년 6월 5일 박주민 의원)

박주민 의원뿐 아니라 김병욱 의원도 국민소환법을 발

의해왔다.

우리는 고전적인 딜레마와 다시 마주한 셈이다. 시민 여론은 국민소환제라는 개혁에 압도적으로 찬성하지만 정작 이를 입법화해야 하는 다수 세력은 대체로 무관심하다. 결국 지금까지 아무 일도 일어나지 않았다. 두 가지 변화가 일어나야만 한다. 첫째, 의원들의 의정활동에 대한 평가 체계에 대한 사회적 합의. 둘째, 국민소환제를 포함해 국회 개혁을 압박하는 시민들 요구의 조직화.

그간 의원 개개인들의 의정활동을 평가하려는 시도들이 없지 않았지만, 대부분 본회의, 상임위 출석률, 법안 발의 건수와 같은 기계적 잣대들만이 주로 사용되었다. 무성의하게 시도된 의원 평가는 발의 건수 늘리기 위한 중복, 유사 법안들의 폭발(양적 기준으로만 보면 엄청나게 열심히 일하는 것으로 드러난다.)과 본회의장에서 스마트폰 들여다보는 행태로 귀결되었다.

단순한 양적 잣대보다는 헌법에 충실한 의정활동을 하고 있는지? 민생을 돌본다면서 정작 시민들 부담만 늘리는 법을 만들고 있지는 않는지? 규제만능 입법으로 개인, 기업, 단체의 자유를 옥죄면서 규제 권력만 늘리고 있는 것은 아닌지? 다양한 평가 잣대들이 검토되고 그에 대한 사회적 합의가 이루어질 때 비로소 국민소환제의 토대가 마련되는 셈이다.

둘째, 국민소환제를 포함하여 국회 개혁을 바라는 시민들의 일반 의지는 늘 조직화된 이익, 특수 이익에 패배해왔다. 이 딜레마를 넘어서려면 각별한 성공 방정식이 필요하다. 시민들의 관심과 지지를 조직화하는 시민사회의 힘, 개혁 지지자들을 결집하는 핵심 주제어(국회의원도 리콜이 되나요?)의 부상 등이 동시에 이뤄져야 한다. 진영 대립을 넘어 책임 있게 일하는 국회를 만들어보자는 바람은 그저 순진한 희망인가?

권력의 폭주를 막을 개헌이 절실하다

초조한 기대감과 희망 섞인 불안감, 뜨거운 두 기류가 헌법재판소를 휘감고 있다. 헌재 심판 결과에 따라 정치는 또 한 번 요동칠 것이고 그 앞날을 섣불리 점치기는 어렵다. 다만 한 가지는 분명하다. 우리는 이제 12·3 이전으로 돌아갈 수 없다. 대통령 권력의 제왕적 행사, 그리고 대통령과 야당의 무한 대립을 축으로 하던 87년 체제는 지난해 12월 3일 밤에 사망했다. 이미 우리는 87년 체제 이후의 세계에 들어서 있다.

실제로 12·3 정치 위기 이후 새로운 정치를 모색하는 개헌 구상들이 다양하게 제시됐다. 필자는 개헌 논의에서 두 가지 논점을 새로이 돌아보려 한다. ①대통령 권력 폭주를 막기 위한 '협치의 정책 영역'을 헌법에서 규정 ②입법 권력 역시 시민들에게 상시적으로 책임을 지는 개혁의 도입.

첫째, 제왕적 대통령의 권력 폭주를 제어하기 위한 협치 영역의 설정부터 살펴보자. 그동안 이런저런 방식으로 대통령의 제왕적 권력을 견제해보려던 87년 헌법의 노력은 실패로 판명 났다. 이에 대안으로 꼽히는 것이 대통령의 권력을 쪼개서 나누고(분권형 대통령제), 대통령이 일할 시간을 줄이자(임기 단축)는 구상들이다.

그런데 대통령 권력의 임기 단축과 수평적 분할로 충분할까? 임기를 줄이고 총리와 내각에 상당한 권한을 나누어주면 우리는 과연 대통령이라는 리바이어던(절대권력)을 통제의 울타리 안에 머물게 할 수 있을까?

이제는 대통령 권력의 덩치를 줄이는 것 못지않게 대통령 권력이 작동하는 방식 자체를 바꿔야 할 때다. 문재인 정부의 탈원전정책, 윤석열 정부의 의료 개혁에서 보듯이 임기 5년의 대통령이 장기적 과제를 너무나도 손쉽게 주무르는 이러한 권력 작동 방식을 근본적으로 바꿔야 할 때다.

필자가 제안하려는 대안은 공동체의 운명이 걸린 장기 국정과제는 아예 헌법에 협치 영역으로 명시하고 이의 실행은 대통령과 국회의 가중다수결(5분의 3)의 합의와 시민들의 공론화 협의를 통해서만 추진하자는 것이다.

모든 대통령은 당선되는 순간부터 권력 폭주의 유혹에 빠진다. 민주공화국에서 유일하게 온 시민들의 직접투표를 통해 선출되었다는 거대한 자부심과 주변의 부추김으로 인해 대통령은 리바이어던의 꿈("나와 겨눌만한 힘을 가진 자, 땅 위에 없느니," 토머스 홉스)에 빠져든다. 그 꿈을 붙잡으려 대통령들은 공동체의 장기 비전이나 현실의 제약들은 돌아보지 않고 거대 프로젝트에 성급하게 몸을 던진다. 문재인 정부의 탈원전정책과 윤석열 정부의 의료 개혁은 성급하게 달려든 거대 프로젝트가 어떻게 참담한 결과로 이어지는지를 생생하게 보여주었다.

새 헌법은 장기 기획과 사회적 합의를 필요로 하는 국가 에너지 체제 전환, 연금 개혁, 의료 개혁 등의 정책을 협치 영역으로 설정하고 대통령과 국회의 가중다수결 합의, 그리고 이 합의가 시민 공론화 위원회의 동의를 거칠 때만 정책 전환이 가능하게끔 못 박도록 하자.

둘째, 기존의 개헌 논의는 주로 제왕적 대통령의 견제에 초점을 맞추고 있지만, 사실 견제 받지 않는 권력은 대통령뿐만이 아니다. 22대 국회의 탄핵 폭주, 난폭 입법들이 보여주듯이 입법 권력 역시 대통령의 행정 권력만큼이나 방만하기는 마찬가지다.

강한 국회가 강한 대통령을 견제한다는 구상은 87년 체제에서 실패로 끝났다. 87년 체제에서 국회는 세 명의 현직 대통령을 탄핵했지만, 정작 국회를 구성하는 의원들이 주권자인 유권자들에게 상시적으로 충분하게 책임을 지는 일은 없었다. 새 헌법은 시민들이 입법 권력을 적극적으로 통제할 수 있는 장치들을 도입해야 할 것이다.

입법 권력의 민주적 책임성을 위해 다음 개혁안들을 새 헌법에 포함해야 한다. ①의원소환제의 도입 ②국회 내에 미래위원회(세대별 시민 대표)를 설치해 미래 세대에게 중대한 재정 부담을 미치는 법률안들의 사전 검토 의무화 ③지역구 의원은 3회 연임만 가능하도록 의원 임기 제한제 도입.

물론 개헌을 통해 87년 체제의 문제들이 일거에 해소되리라고 기대하지는 않는다. 다만 지난 3개월여 우리가 느꼈던 위기감, 무력감, 허탈감 끝에 다수의 시민은 이제 정치가 변화해야 할 마지막 기회 앞에 서 있다는 인식을 갖게 되었다. 시민들의 절박한 변화 요구에 응답하는 것은 정치를 직업으로 하는 이들의 의무이다.

정치인들의 직무유기가 지속된다면, 어느 순간 시민들은 직업 정치인이 독점하는 대의정치를 아예 포기하고자 할 것이다. 차라리 차가운 계산능력과 방대한 정보를 갖춘 결정 권력으로서의 인공지능이 주도하는 새로운 정치를 원할 수도 있다. 돌이켜보면 근대에 등장했던 절대주의 국가(리바이어던)란 존재도 실은 최초의 인공적인 지능체계 아니었던가?

규제 혁파, 정당도 예외 아니다

지방선거가 마무리된지 보름 남짓, 연극의 시간은 끝나고 권력 투쟁의 시간이 시작되었다. 정치인들에게 일을 맡기고 주권자들이 일상으로 돌아가자, 여야 정당들(실제로는 정당을 지배하는 의원들)은 비대위, 혁신위, 쇄신회, 초금회 등을 가동하며 권력 투쟁에 돌입하고 있다. 모두가 4차 산업혁명 시대의 정당 개혁을 외치지만, 대한민국에서 얼마간 지내본 이들이라면 누구나 안다. 개혁과 쇄신의 민낯은 결국 당권, 다가올 총선 공천권 다툼이라는 것을.

필자나 독자들이나 그들만의 말잔치의 표준 공정은 익히 알고 있다. ①격렬한 내부 다툼 끝에 일부 낡은 인물들의 퇴진 ②새로 주도권을 장악한 이들이 개혁이라는 이름으로 당내 경선규칙 변경 ③새 규칙에 따라 MZ세대 등 새 인물들이 일부 수혈되지만, 이는 새로운 권력의 입지를 강화, 포장하는 데에 그침 ④궁극적으로 정치귀족의 정당 지배는 계속되고 시민과 정당정치의 괴리는 여전.

독자들에게 식상한 이야기일 테지만, 정당들을 마냥 방치할 수 없다. 정치학 교과서에서 가르치는 대로 정당들이 민주주의를 이끄는 기관한 되지는 못하더라도 민주주의의 필수불가결한 객차임은 분명하다. 정치 경험이 전무하던 윤석열 대통령이 깜짝 당선되는 데에 국민의힘이라는 정당 객차가 중개 역할을 한 것은 사실이다.

*

윤석열 정부의 화두가 규제 혁파이니 만큼, 오늘 필자는 두 가지 정치규제 개혁안을 제안하려 한다. 첫째 정당 독과점 체제를 해체하기 위한 정당법 17조·18조 규제의 철폐. 둘째, 개방형 공천이니 전략 공천이니 하는 복잡한 공천 절차를 없애고, 시민들의 눈높이를 가감 없이 반영하는 비례대표 의원후보 추첨제 도입.

먼저 우리 정당정치의 온갖 병폐가 거대 정당들의 독과점 체제에서 비롯되는 문제부터 살펴보자. 하루가 다르게 치솟는 생활물가(리터당 2천 원을 훌쩍 넘은 기름값, 어느덧 한판에 1만 원에 육박하기도 하는 계란값)에 시민들의 주름살은 늘어가지만, 여의도 정치귀족들이 한가하게 권력 투쟁에만 몰두할 수 있는 배경은 하나로 모아진다. 여당이건 야당이건 정당들은 망해서 문을 닫을 일이 없다. 개인도, 기업도 부채, 금리 인상의 광풍 속에서 파산할 수 있지만, 정당은 절대 파산하지 않는다. 상황이 정 어려워지면 정당들은 간판을 바꿔 다는 신장개업으로 살아남아왔다.

*

정당 독과점 체제가 유지되는 데에는 두 가지 비결이 있다. 첫째, 신규 경쟁자의 진입이 거의 불가능하다는 점. 둘째는 정당들이 국민 세금으로 충당하는 국고보조금을 비롯해 독과점 유지에 필요한 자원을 합법적으로 과점하는 것.

정치 시장에 신규 정당 진입이 어려운 이유는 정당법에 잘 나와 있다. "정당들은 5(개) 이상의 시, 도당을 가져야 한다."(정당법 17조) "시, 도당은 1천 인 이상의 당원을 가져야 한다."(정당법 18조) 또한 시, 도당은 사무소를 가져야 한다. 거대한 자금력, 인적 네트워크, 조직력 등을 갖추지 않으면 정당 경쟁에 뛰어들 수 없다.

지난 30여 년의 역사를 돌아보면, 정주영, 문국현, 박찬종 등 소수의 리더들이 새로운 바람으로 정당 카르텔을 부숴보려 했지만 결과는 역부족이었다. (정당법 17조는 메말라 가는 지방을 살리기 위해서도 바뀌어야만 한다. 엊그제 강준만 교수는 지방소멸을 막기 위해서는 서울에 중앙당 소재를 규정하고 5개 시도당 요건을 규정하는 정당법을 없애야 한다고 〈무등일보〉 칼럼에서 주장했다.)

신규 경쟁자 진입을 봉쇄하는 동시에 정당들은 국고보조금 나눠 먹기를 통해 흔들리지 않는 존립 기반을 구축하고 있다. 수백억 원이 넘는 국고보조금의 절반은 우선 국회 안에 교섭단체를 구성하고 있는 정당들이 균등하게 나눠 받는다. 이어서 복잡한 공식을 거쳐서 군소 정당을 포함한 정당들과 함께 국회 의석 수, 득표율 비율 등에 따라 나머지 절반을 배분받는다. 이런 독과점은 철폐되어야 한다.

*

필자가 제안하고 싶은 또 하나의 방안은 비례의원 후보 추첨제이다. 복잡한 절차와 경쟁을 거쳐 국회의원 후보를 뽑는 방식을 혁신한다고 하지만, 그렇게 뽑아놓은 국회의원들이 혁신적이었던 기억은 별로 없다. 화려한 경력과 소신을 갖추었다던 새 인물들이 여의도에 모여서 보여주는 것은 주로 입법 폭주와 난폭한 의정이었다.

뜬금없는 얘기처럼 들리겠지만, 추첨제도는 사실 2천 년 민주주의 역사와 함께해온 가장 오래되고, 단순하며, 심지어 정의로울 수도 있는 선출 방식이다. 모든 성인 시민을 대상으로 추첨을 통해 비례후보를 뽑는다면, 젠더,

세대, 능력 모든 기준에서 시민들은 자연스럽게 균등한 기회를 얻는다. 추첨으로 뽑히는 이들은 당연히 보통의 눈높이와 상식에 부합하는 이들로 구성되게 마련이다.

　우리 삶을 옭아매는 온갖 규제들을 해소하려는 흐름이 커지는 만큼, 정치에서는 두 가지가 먼저 혁파되어야 한다. 정당법 17조·18조 폐지와 비례대표 추첨제 도입.

예고된 재난, 인플레와 버블 공약

2년째 코로나에 갇혀 지내다 보니, 재난은 대체 어디서 오는가를 곰곰이 돌아보게 된다. 당연한 얘기지만 뿌리는 우리 안에 있다. 코로나 위기의 뿌리도, 거슬러 올라가보면 자연을 정복의 대상으로 대하던 자연관이 도사리고 있다.

그런데도 우리는 눈앞의 욕망과 승부심으로 또 다른 재난의 불씨를 키우고 있다. 첫째는 세계 곳곳을 강타할 것이 확실한 글로벌 경제 인플레이션. 둘째는 무책임한 대선 경쟁이 키우는 버블 공약의 정치다.

경제 인플레이션은 이미 세계 곳곳을 휘감고 있어 우리 대부분이 고통스레 체감중이다. 수도권 부동산 가격 폭등이 야기한 박탈감과 분노는 재난 수준이다. 게다가 마트의 식재료 값에서, 줄줄이 예고된 공공요금 인상에서, 솟

구치는 글로벌 원자재 가격에서 우리는 인플레이션 폭풍이 몰려오고 있음을 안다.

얼마 전 미국 연방준비제도Federal Reserve Bank가 인플레이션 관련 보고에서 '일시적transitory'이라는 표현을 지웠다는 뉴스는 그저 대폭풍 속의 한 에피소드에 불과하다. 인플레이션이 몰고 오는 정치 태풍을 감지한 바이든 미국 대통령은 농무부, 연방무역위원회를 총동원해 대응하고 있다. 이례적으로 이들 기관이 곡물 회사들의 반독점 행위를 뒤지면서까지 인플레이션 잡기에 총력전을 벌이고 있다.

설상가상으로, 돈의 가치가 추락하는 글로벌 인플레이션에 더해, 지금 우리 대선은 공약의 거대한 버블이라는 정치 인플레이션을 만들어내는 중이다. 지난 10여 년간 지속된 역사적 저금리 시대에 무지막지하게 풀린 돈이 경제 인플레이션의 주요인이라면 정치 인플레이션은 대선후보들이 쏟아내는 '약속의 홍수' 때문이다.

*

세 가지를 짚어보자. ①유독 우리 대선에서 공약 버블이 극심한 이유는 무엇인가? ②공약 버블은 어떻게 대통령의 발목을 잡는가? ③공약 버블-정부 능력약화-정치 불신의 악순환은 누가 끊을 것인가?

첫째, 공약 버블이 한껏 부풀어 오르는 것은 우리 정치에서 '말의 값'이 저렴하기 때문이다. 감세를 요구하는 계층에게는 감세를, 일자리를 찾는 이들에게는 일자리를, 정부의 지원금을 구하는 이들에게는 지원금 약속이 여과 없이 베풀어지고 있다. 30대 부부 직장인을 위한 맞춤 지원, 20대 취준생을 위한 맞춤 공약, 전국 방방곡곡에서 뿌려지는 다종다양한 지역개발 공약. 약속은 무제한으로 공급되지만 이를 말리는 사람은 없다.

요즘 적지 않게 흔들리고는 있지만, 민주주의를 오래 운영해온 미국, 독일 등은 돈과 말의 가치를 유지하는 데 큰 노력을 기울여왔다. 미국, 독일 사람들이 중앙은행의 독립성을 신주 떠받들 듯 하는 데에는 돈의 가치를 조절해 달라는 염원이 담겨 있다. (그들이라고 항상 잘 해내는 것은 아니었지만).

이들 국가들은 또한 대통령 후보와 정당들이 내놓는 공약이 저렴하고 무책임하게 유통되는 것을 억제하는 데에도 노력해왔다. 오랜 역사와 전문성을 갖춘 언론과 싱크탱크들은 선거 공약들이 기존 법체계와 충돌하지는 않는지, 예산 확보는 얼마나 현실성 있는지를 정밀히 따져보는 관행을 나름 갖추어왔다.

민주화 35주년이라지만, 후보들의 말의 값어치를 제대로 제어하는 곳은 우리 사회에서 찾아보기 힘들다. 언론, 전문가, 싱크탱크들은 침묵하거나 후보들의 말잔치를 거들 뿐이다. 양식 있는 관료들은 걱정은 많지만, 입을 열지는 않는다.

둘째, 버블 공약의 1차 피해자는 대통령 후보들 자신이다. 화폐가치가 추락하는 경제 인플레이션은 자산이 적고 경제적으로 어려운 계층부터 타격한다. 반면에 공약 버블은 내년 봄에 당선되는 새 대통령의 발목부터 잡는다.

온갖 지원 공약, 개발 공약 등이 뿌려졌지만 새해 5월 취임하는 대통령의 주머니에는 기존에 짜여진 2022년도 예산의 절반 정도가 남아 있을 뿐이다.

시간이 지날수록 유권자들은 공약이 공약空約이었음을 다시 한 번 확인하게 된다. 머지않아 대통령과 유권자들은 서로 등을 돌린다. 결국은 모두가 버블 공약의 피해자가 된다.

그렇다면 '버블 공약-대통령 운영능력 추락-정치 불신'으로 이어지는 악순환의 고리는 누가 끊을 것인가? 네거티브로 얼룩진 선거 현실 앞에서 필자의 질문은 한가한 소리로 들릴 지도 모른다. 하지만 우리가 근본적인 질문들을 방치하는 동안 정치는 계속 추락해간다. 역대 대통령들의 국정운영 능력이 후퇴한 배경에는 버블 공약이 있었다. 또한 공약空約으로 쌓인 정치 불신이 오늘날 막무가내 정치의 밑거름이 되었다.

*

새해 아침부터는 화려하지만 공허한 약속보다는 솔직한 현실 인식을 듣고 싶다. 거친 언어보다는 포용의 말을 듣고 싶다. 오래전 민주주의의 생존을 걸고 독일 파시즘과 대전을 벌이던 시기에 수상 직을 맡게 되자, 영국의 처칠은 시민들에게 솔직하게 약속했다.[*]

"저는 피와 수고와 눈물과 땀 외에는 드릴 게 없습니다." 처칠이 역사 속의 처칠로 등장한 순간이었다.

새해에는 선거판의 피투성이 승자보다, 솔직함과 용기를 갖춘 리더가 등장하는 꿈을 꾸고 싶다.

---

* 에릭 라슨 저, 이경남 역, 《폭격기의 달이 뜨면》, 생각의힘, 2021년 12월 10일.

아웃소싱 정치

이제는 식상할 때도 되었건만, 선거철이면 나타나는 기구들이 다시 돌아왔다. 혁신위원회, 비상대책위원회. 매년 수백억 원의 세금을 지원받는 공적 기관이지만 스스로 무언가를 해볼 능력도 의지도 없는 게 우리 정당들이다 보니, 선거철이면 아웃소싱된 혁신위가 무대의 주연이 된다.

종교인, 법조인, 정치인 등이 주로 등판하던 아웃소싱 정치에 이번에는 새로운 유형의 인물이 등장했다. 건장한 체격에 남도 사투리를 구수하게 구사하는 귀화 한국인. 게다가 이 땅에서 수대에 걸쳐 봉사를 해온 집안이라는 배경에 말솜씨까지 더해지니, 인요한 국민의힘 혁신위원장이 요즘 뉴스메이커로 떠오를 만하다.

당장의 관심은 인요한 위원장의 광폭 행보가 어디까지 이어질지(이준석 전 대표 끌어안기는 성공할까?), 당 안팎의 관심을 얼마나 끌고 갈지에 쏠리고 있다. 이 같은 예측은 필자의 몫은 아니다. 대신 한 발 물러서서 좀 더 구조적인 이슈들을 짚어보려 한다. 아웃소싱 현상의 뿌리, 아웃소싱 정치가 안고 있는 지속가능성의 문제, 여당의 궁극적 리더로서 대통령의 과제들을 짚어보고자 한다.

아웃소싱 정치가 선거철 단골 메뉴로 자리 잡은 배경부터 짚어보자. 정치학자들의 표현을 따르자면 정당들이 인물과 정책을 아웃소싱하는 현상의 뿌리는 정당 카르텔 체제에 있다. 그들만의 아늑한 담합 체제에서 안주하다 보니 정당들은 인물도, 생각도 늘 그대로 정체되어 있다. 결국 고인 물의 악취를 가리고 잠시나마 새롭게 단장해보려는 제스처가 곧 아웃소싱 정치이다.

지난 30년 역사를 돌아보면 우리 정당사는 두 정당의 오랜 독과점의 이야기다. 철마다 당의 이름을 바꾸고 국민 앞에 무릎 꿇고 호소하며 천막 당사를 치고는 했지만 양대 세력의 독과점이라는 본질은 한 번도 변치 않았다. 세계적인 기업가도, 시민운동가도, 벤처투자가도 양대 세력의 아성을 허물지 못했다.

내년 총선을 앞두고 금태섭-양향자 신당, 이준석 신당 등 여러 움직임이 꿈틀거리지만, 이들이 마주하는 첫째 관문은 양대 정당들이 쳐놓은 진입장벽이다. 정당법 17·18조는 모든 정당이 중앙당 이외에 다섯 개 이상의 시도 당을 유지해야 하며 각 시도 당에는 1,000명 이상의 당원이 있어야 한다고 못 박고 있다. 전국적인 네트워크와 엄청난 돈이 없다면 정당정치에 진입할 꿈도 꾸지 말라는 것이 정당 담합 체제의 본 모습이다.

경쟁 없는 담합 체제는 곪게 마련이다. 스스로 변할 수 없으니 외부 인물을 모셔와 새 단장을 하고 골치 아픈 이슈들을 떠넘기는 것이 담합 체제 정당들이 살아온 방법이다.

요즘 상당한 바람을 일으키고는 있지만 인요한 위원장은 권력의 삼각지대 안에 외롭게 갇혀 있다. 권력 삼각형은 ①국민의힘의 변화를 바라는 지지자들의 기대 ②선거철 쇄신 바람을 일단 모면하고 보자는 당내 기득권 세력 ③그리고 여당의 궁극적 리더인 대통령으로 이뤄져 있다. 이 삼자가 각자의 방향으로 팽팽히 잡아당기는 원심력의 삼각형 안에 위태로이 서 있는 것이 인요한 혁신위의 위상이다.

요즘 혁신위의 초점은 삼각형 1변(지지자들의 변화 기대)을 동력으로 삼아 삼각형 2변(당내 기득 세력)을 압박하는 데에 맞춰져 있다. 편하게 경력을 쌓아온 기득권 중진들의 불출마 혹은 험지 출마, 비례대표에 청년후보들의 우선 배치 방안 등은 1변과 2변의 힘겨루기의 결과들이다.

*

삼각형 1변, 2변과의 줄다리기 못지않게 중요한 과제는 인요한 혁신위와 윤 대통령의 관계다. 모두 아는 바와 같이, 윤 대통령은 스스로가 아웃소싱 정치를 몸소 체험해본 경험이 있다. 정치 경험이 전무하던 검찰총장이 홀연 국민의힘 대선후보로 나서서 곧이어 대통령직에 올랐던 것이 바로 아웃소싱 정치의 길이었다. 그 과정에서 윤 대통령은 국민의힘의 고질적인 문제들, 폐쇄적이고 무기력한 현실들을 충분히 경험했을 터이다.

경험과 기억이 바탕이 된다면, 윤 대통령의 이해와 지원은 인요한 혁신위가 일회성 이벤트를 넘어 당의 체질 변화를 추구하는 데에 원군이 될 수 있다. 근본적 변화의 예를 들자면, 소란스러운 중진 용퇴론보다는 지역구 의원 연임 제한의 제도화(최대 3선), 국회의원 특권 내려놓기라는 얄궂은 제스처보다는 의원소환제의 전면 도입 등이다.

혁신위가 삼각형 1변과 3변의 지지를 모두 끌어 모을 때 비로소 우리는 여당에 대해 실질적 변화를 기대해볼 수 있다. 이러한 변화는 실은 윤 대통령에게도 절실하다. 개인화된 통제→통제의 약화→여당의 반란이라는 과정을 반복해온 대통령-여당 관계가 변화하려면 윤 대통령도, 여당도 아울러 변해야만 한다.

데이터 통치의 개막

2020년 2월 일일 확진자 수가 500명을 넘어서면서 우리는 코로나 시대로 접어들었다. 지난 1년 동안 1,500여 명이 코로나로 세상을 떠났다. 살아남은 확진자는 8만 명 안팎이다. 또한 그보다 훨씬 많은 이웃들이 직장을 잃거나 가게 문을 닫고 길거리로 나앉았다.

고통, 두려움, 적응, 그리고 초기 방역 성공의 자부심과 백신 보급에서 뒤처지고 있다는 초조함. 하지만 이런저런 말들로 코로나 시대 삶의 무게와 그림자를 온전하게 담기는 어렵다.

지난 1년을 돌아보며 필자는 코로나 전쟁의 최전선에서 분투해온 정은경 질병관리청장의 얼굴을 떠올려본다. 지난해 봄, 여름 거의 매일 브리핑에 나선 그의 차분하고 믿음직한 태도는 우리에게 희망과 위로를 주곤 했다. 하지만 겨울로 들어설 무렵 그는 지친 기색이 역력해졌다. 지켜보는 우리도 지쳐 있다.

미안스럽지만, 필자는 정 청장의 친숙하고 이제는 해탈한 듯한 무표정 얼굴의 이면에서 데이터 황제의 딜레마를 읽게 된다. 정 청장은 불현듯 시민들의 몸 상태, 몸의 이동과 위치에 대해 방대한 데이터를 손에 쥘 수 있는 데이터 통치 시대의 차르Czar 역할을 떠맡게 되었다. '감염병의 예방 및 관리에 관한 법률'은 질병관리청장이 파악할 수 있는 정보의 종류를 두루 나열하고 있다. 주민등록번호, 전화번호는 물론이고 개인의 처방전 기록, 진료기록부, 출입국관리기록, 휴대폰을 통한 위치정보 등이 포함된다. (법률 76조)

달리 말하자면, 보건 위기관리를 위해 국가가 개인의 신체, 건강, 이동, 위치에 관한 막대한 데이터를 취합하고 이를 기반으로 정책을 집행하는 데이터 통치의 시대가 개막되었다. 식당 입구에서 줄지어 QR 코드를 찍을 때마다 찜찜한 기분이 없지 않지만, 사회 전체의 건강을 지키는 방역이라는 대의 앞에서 우리는 오늘도 스마트폰을 열어 보인다. 그러면서 프라이버시를 양보하는 삶에 익숙해져 가고 있다.

발전 국가, 세계화 국가를 거쳐 우리는 데이터를 기반으로 시민의 안전을 보장한다는 데이터 통치 국가 시대로 접어들고 있다. 데이터 통치는 몇 가지 질문을 안겨준다. ①불과 수개월 만에 데이터 기반의 보건 통치가 자리 잡은 배경은 무엇이었는가? ②올해 후반기쯤 코로나가 통제되기 시작하면 우리는 데이터 통치 이전의 삶으로 돌아갈 수 있을까?

　첫 번째 질문. 코로나 발생 이후 수개월 만에 국가가 개인들의 신체정보, 이동정보를 기반으로 확진자, 접촉자를 추적, 관리하고 온 국민을 데이터 통치 시대의 바른 시민으로 바꾸어놓은 배경은 무엇이었나?

　데이터 통치의 개막에는 물적 인프라와 심리적 인프라가 함께 작용했다. 물적 인프라는 익히 알려진 바처럼 IT 인프라가 촘촘하게 깔려 있는 우리 사회의 특성이다. 세계 최고 수준의 초고속 통신망, 스마트폰 보급률, 네이버·카카오 등 데이터·플랫폼 기업의 눈부신 성장이 뒷받침되었다. 국가가 위기 시에 개인정보를 기업이나 공공기관으로부터 쉽사리 추출할 수 있는 물적 기반은 진작부터 구축되어왔다.

물적 인프라가 익숙한 얘기라면, 데이터 통치의 심리적 인프라는 우리가 알면서도 적당히 눈감아온 얘기이다. 우리는 진작부터 개인 데이터를 편의성, 비용 절감과 맞바꾸는 데에 익숙해졌다. 네이버가 제공하는 무료 이메일, 무료 뉴스, 구글이 제공하는 무료 이메일과 무료 검색에 친숙해지면서 우리는 네이버와 구글에 취미, 관심사, 소비, 인간관계 등의 데이터를 끊임없이 제공해왔다. 다시 말해 IT 인프라, 데이터 기업, 소비자들의 자발적인 데이터 제공이 맞물려 데이터 통치 시대가 준비되어왔다고 할 수 있다.

*

둘째로, 코로나가 수습되면 데이터를 기반으로 시민을 세밀하게 통제하고 올바른 행동기준을 제시하던 데이터 통치는 물러갈 것인가? 먼저 비관론. 코로나19 위기가 수습되더라도 국가는 데이터 통치의 새로운 영역을 계속 발굴할 수 있다. 누구나 염려하는 기후 위기, 에너지 위기는 데이터 통치 권력 확장의 좋은 명분이다. 누가 탄소 배출을 함부로 하고 있는지, 누가 에너지를 낭비하는지를 추적할 수 있기 때문이다.

무한 팽창하기 마련인 데이터 통치에 맞서서 시민들은 앞으로 꾸준히 물어야 한다. 데이터 통치가 강화되는 위기의 기준은 무엇인가? 일일 확진자 500명? 연간 탄소 배출

증가율 1%? 또한 데이터 통치의 상세 기준은 누가 어떻게 정하는가? 시민들은 데이터 국가의 정책 결정에 얼마만큼 참여할 수 있는가?

며칠 전 인터뷰에 나온 오창희 한국여행업협회장의 절규가 지금도 귓가를 맴돈다. 생존의 기로에 서 있는 여행 사업자들을 대표하는 그는 제발 "데이터와 과학에 근거한 격리 기준을 만들어달라"고 호소했다. 감염 데이터를 정밀하게 들여다보면 독일이나 프랑스처럼 해외입국자 격리 일수를 10일 또는 7일까지 줄일 수 있고, 이는 여행업계의 고통을 조금이나마 덜어준다는 것이다.

데이터 통치의 길에 들어선 국가와 자유 시민들의 줄다리기는 이제부터 시작이다.

탄핵 표결 이후 정당들은 어디로?

오늘의 탄핵 표결은 단지 박근혜 대통령의 운명만을 결정하는 자리가 아니다. 이미 왜소할 대로 왜소해진 제도권 정당들 역시 표결의 향방에 따라 중대한 갈림길에 서게 될 것이다. 자칫하면 여당뿐 아니라 야당들까지도 거대한 분노의 파도에 휩쓸려 난파당할 수 있다. 혹은 제도권 정당들이 가까스로 시간적 여유를 얻어 시민정치와 대의정치의 간극을 좁혀 나갈 마지막 기회를 맞이할 수도 있다.

지난 여름의 브렉시트, 미국의 트럼프 후보 대통령 당선, 며칠 전 이탈리아 개헌 국민투표 부결과 같은 굵직굵직한 사건들이 공통적으로 가리키는 것은 오늘날 대의제 정당들이 성난 시민들 앞에서 전 세계적으로 한없이 위축되어 가고 있다는 사실이다. 이제 정당들은 노쇠해 간다기보다는, 그저 인공호흡기에 의지해 연명하고 있다는 편이 실상에 더 가깝다.

전 세계적으로 '분노의 정치'가 정당정치를 집어삼키고 있지만, 한국의 촛불 시민들은 정당들에 일말의 '에어포켓'을 부여하고 있다고 본다. 촛불 시민들은 여야 정당들에 큰 기대를 걸지는 않지만, 미국이나 이탈리아의 시민들처럼 오직 분노의 시선으로만 정치를 바라보지는 않는다. 백만 촛불 시민들이 정해진 절차에 따라 국회가 탄핵 표결을 진행하기를 기다리고 있다는 점은, 분노와 선동의 정치에 휩쓸리는 미국·서유럽 유권자들과는 확연히 다른 면모다.

*

우리 정당들은 이번 탄핵 표결을 전후로 스스로의 역할을 회복할 마지막 기회를 얻게 될 것이다. 특히 절박한 생사의 기로에 서 있는 곳은 새누리당이다. 필자는 탄핵 표결 이후 여야 정당의 재편 과정이 ①새누리당의 청산 ②신당의 등장 ③여야 정당들의 시민정치 따라잡기를 통한 정책 지형의 재편이라는 단계를 밟게 되기를 기대한다.

첫째, 새누리당은 탄핵 가결 여부와 관계없이 정당 청산의 길을 걷게 될 것이다. 직접적으로는 창당과 변신을 주도했던 박 대통령의 정치적 운명과 새누리당의 정치적 운명이 결코 분리될 수 없기 때문이다. 좀 더 근원적으로는, 2012년 '경제민주화'와 '맞춤형 복지'를 내세웠던 정체성 쇄신이 사실상 아주 기만적인 분장에 불과했음이 드러났기 때문이다. 양극화가 심화되는 흐름 속에서 유권자들은 보수정당이 기존의 '부국강병-세계화 경쟁'(한국형 보수 1.0)의 논리를 넘어 '따뜻하고 포용적인 보수'(한국형 보수 2.0)로 진화하기를 기대했었다.

하지만 최순실 게이트를 통해 드러난 처참한 실상은 박근혜 정부로 대표되는 보수 세력이 여전히 과거 발전국가 시대의 낡은 유산에 갇혀 있다는 사실이었다. 대통령 개인에게 과도하게 집중된 권력과 이를 견제하지 못한 공적 체계의 맹종, 그리고 대기업을 통제와 동원의 대상으로만 보는 수직적 정경유착은 보수 세력이 여전히 1970년대식 틀에 얽매여 있음을 여실히 증명했다. 옅은 화장을 했던 새누리당의 청산은 이러한 과거형 보수와의 고리를 끊어내는 시작일 뿐이다.

새누리당 청산 이후 보수 정치가 나아갈 길은 촛불 민심이 이미 밝혀놓은 바 있다. 첫째는 절차와 제도의 공정성 및 투명성이다. 미르·K스포츠재단 등에 대한 시민들의 분노는 절차가 허물어지고 공적 제도가 허수아비가 돼버렸기 때문이다. 따라서 보수정당을 다시 일으켜 세우려는 유승민·나경원 의원, 원희룡 지사 등은 제도의 공정성과 투명성 회복을 최우선 과제로 삼아야 한다.

대통령 선거의 승리보다 더 시급한 것은 신뢰의 회복이다. 신뢰를 얻는 첫걸음은 새로 출발하게 될 신당 내부의 절차와 제도에서 투명성과 공정성을 확보하는 것이다. 수백억 원에 달하는 국고보조금의 엄정하고 투명한 집행, 대통령 후보 선출 과정의 완전 개방이 새출발의 첫 단추가 되어야 한다. 제도와 절차에 대한 신뢰가 쌓인 후에야 비로소 보수정당은 사회적 연대와 공동체주의를 말할 수 있을 것이다.

*

새누리당의 정치적·도덕적 파산에 가려져 있으나, 민주당과 국민의당 역시 촛불 민심을 수용하고 시민정치를 따라잡아야 할 과제를 안고 있기는 매마찬가지다. 탄핵안 발의 과정에서 드러난 두 야당의 혼란과 무책임한 태도 번복은 제도권 야당과 시민정치의 사이의 괴리를 여실히 보여주었다. 요컨대, 민심에 부응하는 탄핵 표결이 이뤄진 이후에도 제도권 정당의 무능과 혼란이 완전히 면책되는 것은 아니다.

시민정치와 호흡할 수 있는 절차와 콘텐츠를 갖추지 못한다면 분노의 촛불은 언제든 정당들을 향해 타오를 것이다.

추락 이후

지난주 캐나다 카나나스키스에서 열린 G7 정상회의. 관세전쟁, 러우전쟁, 이란-이스라엘 분쟁을 논의하려 모인 각국 정상들의 정당 소속이 궁금해서 찾아보았다. 보수가 다섯(독일, 프랑스,일본, 그리고 극보수인 미국, 이탈리아), 진보가 둘(캐나다, 영국)이다. 보수는 여전히 민주주의 강대국들 사이에서 확고한 위치를 점하고 있다.

지구촌 정세와 한참 동떨어져 있는 것이 한국의 보수정당이다. 국민의힘에는 '침체'라는 말도 사치스럽다. 이달 초 대선에서 국민의힘 후보가 이재명 대통령에게 완패한 것은 위기의 단면일 뿐이다. 비상계엄 이후 지속되는 극심한 혼란과 내부 다툼, 지지층의 위축, 극우 세력의 위협 등 총체적 위기가 유령선 같은 국민의힘을 휘감고 있다.

다양한 진단이 가능하겠지만, 필자는 이른바 '원내정당 중심론'과 연결된 두 가지 폐해에 초점을 맞추고자 한다. 첫째, 영남과 일부 강원 지역의 안전 의석에서 손쉽게 당선되는 다선 의원들이 독점하고 있는 정당 내부 권력. 둘째, 이들 안전지대 출신 당내 권력자들의 시대적·정치적 감수성의 붕괴.

*

독자들에게 원내정당론이라는 개념은 다소 낯설 수도 있으나, 이는 미국식 정당 모델의 특징을 집약한 개념이다. 일부 학자들이 미국식 정당이 우리의 모델이 될 수 있다고 주장하면서 알려졌다. 이에 따르면 유럽의 이념 정당들과 달리 미국의 정당들은 방대한 대중조직이 없고 이념적 색채도 강하지 않다.

지지자들은 선거 과정을 통해서만 정당에 느슨하게 연결되어 있다. 따라서 정당을 실질적으로 이끄는 주체 정당 소속의 상하원 의원들이다. 이들이 의회 정치를 주도함으로써 보수-진보 타협이 가능해지고 이념 대결이 완화된다는 논리다. (물론 원내정당 중심 의회 정치는 미국에서도 이미 과거 이야기가 되었다.)

귤이 회수를 건너면 탱자가 된다. 미국식 원내정당론은 한국에 건너와 그저 다선 의원들의 권력 독과점을 정당화해주는 장식으로 변질되었다. 이들의 권력 독과점이 얼마나 피폐한 상태에 이르렀는지는 지난달 국민의힘에서 벌어진 '대통령 후보 교체 쿠데타' 과정을 뜯어보면 된다.

당원과 지지자들이 선출한 대선후보를 무효화하려 했던 당 비상대책위원회, 한밤중에 다시 대선후보를 뽑겠다며 전국위원회를 소집하는 권력, 대선후보에게 외부 인사와의 단일화를 강요하는 장막 뒤의 권력. 모두 다선 의원들이 주도한 정치공학의 산물이다.

*

미국식 원내정당이 한국 땅에 와서 타락한 메커니즘은 두 가지다. 첫째, 원내정당, 즉 다선 의원들이 장악한 정당지도부에 지나치게 많은 권한이 집중되어 있다. 당 지도부는 연간 수백억 원에 이르는 국고보조금을 집행하는 알토란 같은 금권은 물론, 국회의원 선거와 대통령 선거를 앞두고 후보 선출의 규칙 자체를 떡 주무르듯 변경하는 권력까지 독점하고 있다.

선거를 코앞에 두고 정당 지도부가 후보 선출 절차와 규정을 마음대로 바꾸는 나라가 미국은 물론 G7 중에 하나라도 있던가?

미국과의 또 다른 결정적인 차이는 당 권력을 독점하는 다선 의원들의 인적 구성이다. 당내 권력을 쥔 다선 의원들은 대부분 국민의힘 깃발만으로 쉽게 당선되는 대구·경북(TK), 부산·울산·경남(PK), 일부 강원 지역의 안전 의석 출신이다.

경쟁이 치열하고 시시각각 유동하는 사회 변화에 대응해야 하는 수도권에는 국민의힘 다선의원이 극소수에 불과하다. 결국 TK, PK의 정체된 인사들이 당을 좌지우지하게 된다. 이는 다선 의원들도 예외 없이 개방형 경선제를 통과해야만 본 선거에 나설 수 있는 미국의 정당 현실과는 전혀 다르다.

논의의 초점은 누가 어떻게 원내 다선 의원들의 독과점 권력을 타파할 수 있느냐에 있다. (당 대표를 새로 뽑는 8월 전당대회가 시급한 것이 아니다.) 여러 방안이 있겠지만, 그 출발은 가칭 '국민의힘 정당 민주주의 검토위원회'를 시도해보는 것이다. 가깝게는 5월 10일 새벽 당 지도부의 행동이 과연 "정당의 목적, 조직, 활동이 민주적이어야" 한다는 헌법 정신에 부합했는지를 당 스스로 정밀하게 조사해야 한다.

1970년대 미국의 거대한 정당 개혁을 주도했던 민주당의 '맥거번-프레이저 위원회'도 당내 특별위원회였다. 1968년 대선후보 경선에서 앞서가던 로버트 케네디가 암살당하자 민주당 지도부는 당원과 지지자들의 바람을 외면한 채 경선에 참여하지도 않았던 험프리를 대선후보로 내세웠다. 결과는 참혹한 패배였다. 패배 이후 뜨거운 개혁의 열망을 안고 출범한 맥거번-프레이저 위원회는 미국 민주당을 투명하고 개방적인 정당으로 완전히 탈바꿈시켰다.

국민의힘의 청년 당원들과 초재선 의원들은 과연 지금의 위기를 변화를 향한 몸짓으로 전환할 수 있을까. 혹은 다선 의원들은 이번에도 현란한 '버티기'로 권력 독점을 이어갈 것인가.

3장

우리는 어떤 비전을
내놓고 있는가

"정신과 태도를 가다듬는 일은 어쩌면

우리에게는 물리적 실력을 쌓는 것보다

훨씬 어려운 과제일 것이다."

〈남한산성〉, 그때와 지금은 다르다

역사와 정치, 권력을 다룬다는 점에서 정치학자, 영화 감독, 소설가는 잠재적 경쟁자일 수도 있다. 하지만 사회과학자의 파급력은 뛰어난 영화감독이나 작가의 상대가 되지 못한다. (필자가 공들여 쓰는 학술논문을 주의 깊게 읽는 독자는 같은 전공자 수십 명에 불과하겠지만 병자호란을 다룬 영화 〈남한산성〉은 순식간에 300만 명이 넘는 관객을 불러 모았다.) 이 영화가 전쟁과 평화, 엘리트의 분열과 대중의 삶이라는 고전적 토론을 새로이 자극하는 만큼 정치학자의 관점에서 몇 가지 생각을 보태려 한다.

〈남한산성〉이 큰 화제가 되는 배경은 오늘날 우리가 마주한 강대국 세력 정치와 병자호란 당시의 고단한 현실이 겹쳐 보이기 때문일 것이다. 하지만 필자는 강대국 정치의 폭풍우를 헤쳐 나가는 데 있어 명·청 교체기의 조선과 오늘날의 한국 사이에는 결정적인 차이가 있다고 본다. 세계 11위 규모의 무역 규모나 정보기술 산업 강국이라는 사실을 넘어, 우리는 시민들이 스스로 삶의 방식과 공동체를 지켜낼 수 있는 민주주의라는 체제를 가꿔왔다는 점 때문이다.

*

먼저 병자호란 시기의 아픈 역사가 오늘날의 시련과 겹쳐 보이는 배경부터 살펴보자. 첫째는 강대국 간의 세력전이power transition라는 국제 정치적 상황이 우리에게 강요하는 선택의 문제다. 〈남한산성〉은 명·청 교체기에 청의 홍타이지가 직접 군사를 이끌고 한양까지 침공해온 수난의 역사를 그리고 있다. 만주에서 발흥한 청나라가 대륙을 지배하던 명나라를 쓰러뜨리기에 앞서 조선을 먼저 공격해 배후를 안정시키려 했던 과정이 곧 병자호란이었다.

강대국 세력전이의 폭풍우가 다시 몰려오는 곳이 오늘 우리가 살고 있는 동아시아다. 세계 2위의 대국으로 부상한 중국과 '아시아로의 회귀pivot to Asia'를 내세운 미국이 맞부딪치는 태풍의 최전선에 한반도가 있다. 1600년대 조상들이 명과 청의 힘의 전이를 면밀히 살펴야 했듯, 우리 역시 미국의 압도적 우위(군사력, 사회적 활력, 의지, 경제력의 총합으로서의 힘)가 얼마나 지속될지, 또한 미국과 중국이 협력적 세력전이의 길로 나아갈지 아니면 파괴적 세력전이의 길로 나아갈지를 기민하게 살펴야 하는 처지에 놓여 있다. 사드 배치 논란과 중국의 보복은 거대한 태풍의 전주곡에 불과하다.

두 번째 공통점은 정치 엘리트들의 분열이다. 최명길의 주화론과 김상헌의 척화론이 끝내 간격을 좁히지 못했듯 오늘날 우리의 4당 체제 역시 분열의 골이 깊고 넓다. 예컨대 자체 핵무장, 전술핵 재반입, 미국의 핵우산 등 어려운 선택지 앞에서 여야는 갈등과 대립의 폭을 한 치도 좁히지 못하고 있다.

강대국 세력 정치의 압박과 엘리트의 분열이라는 고질병을 직시할수록 비관주의의 유혹에 빠지기 쉽다. 하지만 명·청 교체기와 오늘날에는 결정적인 차이가 한 가지 있다. 바로 우리가 지난 수십 년간 일궈온 민주주의의 힘이다. 민주주의는 단순히 자의적 국가 권력의 억압으로부터 시민의 자유를 지키는 방어적 제도에 그치지 않는다.

민주주의는 권력 다툼에 분열을 일삼는 정치계급을 시민들이 제어할 수 있는 기제이기도 하다. 지난 겨울 촛불 시민들이 부패에 연루된 대통령의 책임을 물었듯 한국 민주주의에서 '민주적 책임성'은 생생하게 살아 있다. 다시 말해 거대한 세력전이의 태풍 앞에서도 시민들은 분열과 갈등을 부추기는 정치계급을 심판할 수 있다.

어느 세력이 사드 논쟁을 더 큰 분열로 몰고 가려 하는지, 어느 정당이 북핵 위협을 틈타 내부 분열을 조장하는지, 누가 정치 세력 간의 진지한 대화를 조롱하고 거부하는지를 시민들은 면밀히 지켜보고 있다.

*

민주주의의 또 다른 결정적 힘은 시민들의 주권의식에서 나온다. 민주주의라는 말뜻 그대로 시민demos이 지배kratos하는 체제의 근본 힘은 공동체의 현안에 능동적으로 참여하는 시민들의 주인의식에 있다. 〈남한산성〉에서 평민을 상징하는 대장장이 날쇠가 양반 엘리트들을 향해 내비치는 냉소와 달리, 시민들의 주권의식이 우리 공동체의 힘이다.

강대국 세력 정치의 폭풍우로부터 우리를 지켜주는 것은 첨단무기 이전에 공동체를 지키려는 강한 의지일 터다. 그 같은 의지는 민주주의 체제에서 가장 강력하게 작동한다. 역사가 보여주었듯 의지의 힘이 무기의 힘을 누를 수 있다.

국가의 실력, 위신, 그리고 위험

누리호가 푸른 하늘로 시원하게 솟구치며 눌려 있던 우리의 마음도 함께 날아올랐다. 세계 일곱 번째의 독자 발사체 국가라는 긍지는, 그동안 북한 핵에 주눅 들어 있던 우리의 가슴을 활짝 펴주는 사건이었다.

누리호의 쾌거를 지켜보며 필자는 ①국가의 실력 ②대외적 위신 ③그 안에 도사린 위험이라는 '삼차방정식'을 다시금 생각한다. 실력, 위신, 위험의 트릴레마는 얼마 전 일본 히로시마에서 열린 G7 정상회의에서도 드러난 바 있다.

미중 기술 경쟁에서 한국 반도체와의 협력이 절실한 미국 바이든 대통령이 윤석열 대통령을 환대로 맞는 것은 당연한 귀결이었다. 군수 물자가 부족한 유럽의 국가들이 방위산업 강국인 한국의 대통령에게 손을 내미는 것도 우리 실력을 증명하는 징표다.

문제는 G7 강국들이 우리에게 손을 벌리면서도, 정작 동등한 파트너로 대하지는 않는다는 점이다. 리스크는 함께 떠안으면서 발언권은 약한, 다소 위험한 상태에 우리가 놓여 있다고 할 수 있다.

*

높아진 실력과 대외적 위신으로 고무된 분위기 속에서, 필자는 그 이면에 도사린 위험을 되짚어보고자 한다.

30년 전의 역사를 잠깐 돌아보자. 민주화를 막 이룬 대한민국은 1993년 글로벌 선진국 반열에 오르기를 열망했다. 실제로 김영삼 정부가 OECD(경제개발협력기구) 가입 목표를 제시한 지 3년 만에 우리는 꿈을 이루었다. 하지만 그와 함께 이뤄진 급격한 시장 개방과 금융감독 체계의 부재는 1997년 국가부도 위기와 IMF 관리 체제라는 혹독한 결과로 이어졌었다. 우리는 이미 시원찮은 체력으로 국제적 위신을 성급하게 추구하다가 추락해본 경험이 있다.

이제 높아진 실력을 바탕으로 'G8 국가'라는 궁극의 위신을 열망하고 있지만, 필자는 여전히 우리가 더 높이 날아오르기에는 역부족인 '허약 체질'이 아닌가 하는 염려를 갖고 있다. 허약함의 핵심은 ①자유 정신의 빈곤과 ②내향적 자아도취이다. 30년 전 주요국 진입 과정에서 겪었던 트릴레마를 돌아보며, G8 진입을 꿈꾸는 오늘날 우리가 안고 있는 문제들을 짚어보자.

1993년 원대한 대통령 프로젝트를 갈구하던 김영삼 대통령은 지구촌 주요 국가들의 모임인 OECD 가입을 목표로 내세웠다. 매일 스마트폰으로 테슬라, 애플의 주가를 확인하기 바쁜 20·30 세대에게는 생소한 이야기이겠지만, 불과 30년 전만 해도 우리는 OECD 가입의 조건으로 비로소 자본시장과 외환시장의 문을 활짝 열게 되었다.

배우 김혜수 주연의 영화 〈국가부도의 날〉이 보여주듯이, 시장 개방 후 몇 년 만에 우리 경제는 단기 대외 부채의 유혹에 급격히 빠져들었다. 기업과 금융기관들은 이자는 낮지만 리스크는 큰 단기 외채를 급격히 늘려갔다. 하지만 이를 제어할 금융감독 체계는 없었다. 영화 속 한국은행 통화정책팀장은 홀로 동분서주하지만, 행정부와 여야 정당은 금융개혁법을 통과시킬 능력도 의지도 없었다. 결과는 500억 달러의 긴급구제 금융을 받아서 간신히 국가 부도를 면하는 것이었다.

G8 회원국은 글로벌 (무)질서를 좌우하는 수많은 결정에 참여하며 권력과 위신을 누린다. 우크라이나 지원과 전후 복구 프로젝트에서부터 대만 위기 대응, 미중 기술 전쟁에 이르기까지 막대한 대가가 따르는 결정의 '주연'이

되는 것이다. 과연 우리는 이 폐쇄적이고 치열한 클럽 안에서 제 역할을 다할 수 있을까? 강대국들은 실리를 따져 우리의 반도체와 배터리, 방산 실력을 인정하며 손을 내밀지만, 과연 우리는 그들에게 (만만하지 않은) 두려운 존재이면서도 존중받는 파트너인가?

*

자유주의 강대국들은 우리의 두 가지 허약함을 주시하고 있다. 첫째, 희미한 자유의 정신. 입으로는 자유의 가치와 연대를 외치지만 과연 한국은 자유를 위해 목숨을 거는 사회인가? 코로나 3년, 우리는 자유를 유예하고 보건안보를 추구한 대표적인 사회였다. 코로나보다 더 엄혹한 상황에서 자유를 지키기 위한 큰 전쟁이 벌어진다면 한국은 어떤 선택을 할까?

두 번째 허약함은 내향적이면서 자아도취적인 정치 세력의 문제이다. 한편에 대외지향적이고 자유의 가치 연대에 공감하는 '바른 한국'이 있다면 다른 한편에는 내향적 정치 세력이 있다. 이들은 세계가 어떻게 흘러가는지 이해할 관심도 능력도 없다. 그저 자신의 좁은 관심사(남북한, 평화, 민족)를 지루하게 늘어놓을 뿐이다. 마치 귀가 어둡고 눈이 흐려진 사람처럼.

축적된 물리적 실력을 바탕으로 더 높은 위신을 추구하는 것은 자연스러운 욕구다. 하지만 물리적 실력만으로는 최선진국의 지위를 얻을 수 없다. 정신과 태도를 가다듬는 일은 어쩌면 우리에게는 물리적 실력을 쌓는 것보다 훨씬 어려운 과제일 것이다. 최선진국을 향한 실력, 위신, 위험의 트릴레마는 이제 시작이다.

트럼프 리스크와 경제 안보
그리고 정체성

어느 정도 예상했지만 트럼프 2.0의 매운맛은 혹독했다. 선거 일주일 만에 원화 약세가 가팔라지면서 원-달러 환율은 한때 1,409원까지 치솟았다. 게다가 반도체 등의 수출 전망과 기업 실적 우려가 겹치면서 주식시장도 몸살을 앓고 있다.

올해 초부터 전 세계 전략가들은 2024년 지구촌 최대의 리스크는 '트럼프 재선'일 것으로 예측해왔다. 유럽의 금융가, 일본의 자동차업계, 중동의 산유국 등 모두가 트럼프 재선이 가져올 파장에 촉각을 곤두세우고 있다. 무역, 금융, 에너지, 안보 등 전방위적인 지각 변동이 몰아칠 터인데, 그 충격을 최전선에서 맞는 나라는 아마도 한국과 대만일 거라는 예측도 곁들여졌다. 대외무역, 특히 미국의존도가 매우 높으면서 동시에 지정학적 불안이 겹쳐지는 곳을 찍어보면 그곳이 바로 한반도와 대만해협이다.

트럼프 리스크를 최전선에서 겪는 나라에서 살다 보니 트럼프 2.0 시대에 대한 염려와 대안 모색은 적지 않게 나와 있다. 수많은 보고서와 칼럼이 트럼프 행정부의 관세와 에너지 정책, 방위비 분담금, 북핵 대응 문제 등을 고심한 결과를 내놓고 있다. 필자는 이러한 실용적 접근을 이해하고 존중한다. 하지만 정책 현안에만 몰입하는 실용적 태도로는 결코 해결할 수 없는 심층적 문제가 도사리고 있다.

*

트럼프의 변덕과 욕심, 미국 우선주의에 발 맞춰 열심히 춤추다 보면 어느덧 '우리는 누구이고, 과연 어디로 가고 있는가'라는 근원저긴 물음에 마주하게 된다. 우리 기업들은 급변하는 미국의 정책 방향을 가늠하며 대응해야 하고, 또 실제로 잘 해내리라고 믿는다. 하지만 가치와 이익, 권력과 윤리가 치열하게 각축하는 정치와 국제 정치의 무대에서는 이야기가 달라진다.

크게 두 측면을 고려해야 한다. 첫째는 윤석열 정부가 대외적으로 추구해온 대외전략의 정체성 문제. 그동안 바이든 대통령이 주도하는 '자유주의 가치 외교'에 적극 호응해온 윤 대통령으로서는, 트럼프 시대의 미국 우선주의와 거래 중심의 한미 관계로 급격히 전환할 때 빚어질 정체성 혼란을 대내적으로 설명하고 설득해야 하는 과제를 안게 된다.

사실 대통령실 참모들은 트럼프 당선 이후의 한미 방위비 분담금 증액 문제, 이와 연동된 주한미군의 감축 혹은 역할 전환, 그리고 '트럼프-김정은'의 전격적인 협상 가능성 등을 진작부터 점검하고 세부 계획을 준비해왔을 것이다. 하지만 이런 정책의 세부 사안들이 중요하긴 해도 문제의 '몸통'은 아니다.

문제의 근간은 지난 2년 반 동안 윤 대통령 외교가 '자유주의 가치 연대'라는 깃발 아래 추진되어왔다는 점에 있다. 이 깃발 아래 대규모 대미 투자가 진행되었고, 일본과의 협력을 촉진하는 조치들이 양해되었다.

그런데 자유 가치를 기반으로 든든하게 결속되어 있다고 믿어온 한미 관계가, 갑작스레 돈을 내는 만큼 주고받는 거래적 관계로 돌변했고, 그것이 우리의 새로운 생존 전략이라는 태세 전환은 윤 대통령에게는 큰 부담이다. 당장 트럼프 대통령이 한미 방위비 분담금이 10배는 인상되어야 한다고 으름장을 놓은 것에 대해 국민을 설득해야 하는 과제가 있다.

비용 문제를 넘어선 좀 더 근본적인 문제도 있다. 트럼프식 거래 동맹의 기저에는 1970~80년대의 험악하고 부패했던 뉴욕 부동산 업계에서 잔뼈가 굵은 트럼프 대통령의 세계관이 흐르고 있다. 강자와 약자를 가르고, 강자는 권력을 과시하며 약자는 이를 숭배한다는 사고방식이다.

경제 안보와 북핵 억지를 위해 트럼프식 세계관에 적응해야 하는 한국 외교의 현실을 윤 대통령은 국민들에게 어떻게 설명할 수 있을까? 가치에서 거래로 급선회하는 과정에서 겪을 우리 공동체의 인식 혼란과 정체성 혼돈은 누가 어떻게 수습할 수 있을까?

둘째, 흔들리는 정체성의 또 다른 단면은 트럼프의 귀환을 오직 우리 안의 당파 싸움에 이용하려는 일부 보수와 진보 진영에서 발견된다. 한국 보수의 한켠에는 트럼프의 재선을 열렬히 환영하는 집단이 있다. 이들은 미국 진보 좌파와의 문화전쟁에서 승리한 우파 스트롱맨으로서 트럼프에 주목한다. 정치적 올바름에 지나치게 경도된 민주당을 제압한 트럼프에게서 희망과 위안을 찾으려는 행위를 건강하다고 보기는 어렵다.

진보의 한켠에도 트럼프의 당선을 환영하는 이들이 있다. 자유주의 가치와 규범의 파괴자인 트럼프의 등장은 곧 미국이 주도해온 자유주의 질서의 내리막이라고 믿기 때문이다. 미국의 동요를 틈타서 이들 진보가 내놓는 반자유주의 본능 또한 떳떳하지 못하기는 마찬가지다.

4년 만에 이뤄진 트럼프의 복귀는 우리 사회 곳곳의 허약한 정체성을 가차 없이 들춰내고 있다. 가치 연대를 외쳐온 대외전략의 연약함은 물론 '트럼프'라는 일그러진 거울에 자신을 투영하며 싸우는 보수와 진보의 정신적 빈곤. 어느 격언처럼, 너무 서둘러 달리다 보면 영혼이 우리를 쫓아오지 못하게 된다.

대미 실용 외교와 걸림돌

　23일 열리는 유엔 고위급 회기 참석차 출국하는 이재명 대통령의 흉중은 복잡할 것이다. 기조연설을 하고 유엔 안보리 회의를 주재하는 일정은 영예롭다. 하지만 뉴욕으로 향하는 길목에는 안도감과 걱정, 책임감이 교차할 것이다.

　이 대통령이 출발하기 전 조지아주의 현대차와 LG에너지솔루션 공장 한국 근로자 석방 교섭이 마무리되어 이들이 무사히 귀국한 것은 안도할 만한 일이다. 고조되었던 국민적 염려와 공분은 서서히 가라앉을 것이다. 하지만 이 사건은 한미 간에 관세와 대미 투자를 둘러싸고 앞으로 수많은 장애물이 수시로 돌출할 수 있음을 보여준 상징적 사건이다.

지난 8월 이 대통령이 트럼프 미국 대통령과의 회담에서 '실용 친미'로의 깜짝 전환을 선보였을 때, 많은 이들은 이 대통령이 큰 강 하나를 잘 건넌 것으로 받아들였다. 한미 간에 양해된 관세 수준, 대미 투자 규모, 그 밖의 이슈에서 대체로 이웃 나라 일본과 유사한 수준의 성과를 거두었다고 평가되었다. '대미 자주' 성향의 여권 지지층도 대통령의 방미 성과에 대해서는 그럭저럭 용인하던 참이었다.

20년 전 노무현 대통령이 이라크 파병과 한미 FTA로 실용 친미를 추진했을 때의 분위기와는 사뭇 다르다. 당시 노 대통령은 파병을 요청하던 부시 행정부와 숨 가쁜 협상을 벌이는 동시에, 파병에 처절히 반대하는 여당의 386들에게 곯머리를 앓았다. 반면 이 대통령의 실용 친미 전환의 걸림돌은 국내보다 미국 국내 정치에 있는 듯 보인다.

*

진보 세력이 지원하는 두 대통령의 실용 친미 전환 과정이 이처럼 대조적인 까닭은 무엇인가? 2003~2005년 노무현 대통령의 실용적 선택에 극렬히 반대하던 진보 시민사회와 386 의원들이 이제 나이가 들어 인생의 실용주의 주기에 들어선 것인가? 그보다는 두 가지 변화가 여당과 진보 시민사회의 침묵을 불러왔다고 본다. 첫째, 한미 관계의 근간을 떠받쳐온 국민의힘의 추락과 그에 따라 공백이 된 실용 친미 영역을 이 대통령이 점유하게 된 효과. 둘째, 20년 전의 청년들과는 달리 미국에 우호적인 오늘날 청년층의 존재감.

먼저 국민의힘의 추락이 가져온 영향부터 보자. 노무현 대통령이 국군 파병이라는 실용적 결단을 꺼내 들었을 때 찬반 분포는 팽팽했고 파병 찬성 여론은 당시 보수정당인 한나라당이 주도했다. 노 대통령의 결단은 반대 세력인 보수당과 보조를 같이하는 것으로 폄하되었고, 여당은 파병 동의안을 온몸으로 저지하고자 했다.

2025년 가을, 구도는 극적으로 뒤바뀌어 있다. 전임 대통령의 황당무계한 계엄사태 이후 좌표를 상실한 국민의힘은 트럼프 시대의 한미 관계라는 엄중한 도전 앞에서 지리멸렬할 뿐이다. '윤 어게인'이라는 시대착오적 기치 아래 출범한 당 지도부나, 옥중에 있는 전임 대통령을 미국이 구하러 온다는 망상에 빠진 일부 지지자들이나, 한결같이 전통 보수 친미 세력의 퇴행적 방황을 가리킨다.

달리 말해, '친미'와 '자주'가 각각 견고한 성을 쌓고 대립하던 구도는 무너졌다. 국민의힘의 몰락과 함께 '친미의 성벽'이 붕괴되면서, 대미 우호라는 오랜 인식은 허허벌판에 내앉게 되었다. 덕분에 대통령 당선 전에는 '자주의 성' 안에 머물던 이 대통령은 관세전쟁과 신냉전의 격랑 속에서 '친미 우호'의 들판까지 어렵지 않게 진출한 셈이다. 국민의힘의 자멸로 이 대통령은 '친미'와 '자주'의 좌우 운동장을 상황에 따라 자유롭게 쓰게 되었다고나 할까.

*

두 번째 측면은 청년층의 높은 대미 우호 인식이다. 세대별로 구분해서 보자면, 오늘의 20·30 세대는 실용주의 성향이 강하다. 이들은 신냉전 시대에 미국과 협력의 기조를 유지해야 한다는 관점이 우세하다. 2기 트럼프 정부 출범 이후 청년층의 대미 우호 성향이 다소 주춤하고 있기는 하지만 여전히 이들은 미국과의 경제·안보 협력이 가장 현실적인 선택이라고 믿는다. 청년 세대의 현실주의 성향이 40·50 세대의 자주 성향에 대한 균형추로 작용하고 있다.

정리하자면, 20년 전 노무현 대통령의 대미 실용 전환의 장애물은 친미-반미 구도가 강력했던 국내 정치였다. 오늘날은 보수정당의 퇴락과 함께 그 같은 대외관의 대립은 적어도 정치적으로는 의미가 줄어들고 있다. 친미와 자주 사이에서 이 대통령의 운신의 폭이 넓어진 셈이다. 문제는 복잡하게 뒤얽힌 미국 국내 정치 상황이다. 워싱턴의 풍향이 이 대통령의 균형감도, 친미-자주의 구도도 뒤흔들지 모른다.

4차 산업 동맹으로의 초대

오늘 밤 워싱턴 한미 정상회담장의 분위기는 대체로 화기애애할 것이다. 이웃집 할아버지처럼 허물없는 태도의 바이든 대통령은 문재인 대통령을 친근하고 정중하게 맞이할 것이다. 44년의 워싱턴 정치 경력에서 우러나오는 노련함은 잠시 안주머니에 넣어둔 채, 한미 동맹과 문재인 대통령의 한반도 평화에 대한 의지를 높이 평가할 것이다. 문 대통령 역시 대면 정상회담의 여러 성과에 만족스러운 미소로 화답할 것이다.

정상회담의 예의는 아마도 거기까지일 것이다. 워싱턴 회담의 공동성명은 아마도 수백 가지 해석이 가능한 난수 표처럼 읽힐 가능성이 크다. 발표문을 보면서, 어떤 전문가는 바이든 대통령이 그동안 문 대통령이 강조해 마지않던 북미 대화의 우선순위에 공감했다고 해석할 것이다(한반도 중심주의). 또 다른 전문가는 바이든 행정부가 동맹의 중요성을 고려해 코로나 백신의 우선 공급을 사실상 약속한 것이라고 주장할 것이다(보건안보 우선주의). 또 어떤 해설가는 조만간 한국이 쿼드 확장판에 선택적으로 참여하기로 한 역사적 회담이었음을 강조할 것이다(미중 관계 중심주의).

절묘하게 절충된 발표문의 속내를 요모조모 뜯어보는 일은 외교안보 전문가들의 몫이다. 필자는 이번 회담을 통해 앞으로 4년을 함께 지내게 될 바이든 행정부의 목표와 비전을 가늠해보고자 한다.

*

바이든 대통령의 개성과 비전이라는 렌즈로 한미 관계를 들여다볼 때, 가장 먼저 경계해야 할 점은 그를 과소평가해서는 대단히 곤란하다는 사실이다. 78세의 바이든 대통령이 하루 평균 집무실에 머무는 시간은 거의 10시간 정도 된다. 늦은 밤 참모들에게 업무 전화를 걸고, 정책의 세세한 부분까지 일일이 파고드는 회의가 2시간 반을 넘기기 일쑤라고 한다.

대통령학을 연구하는 정치학자들은 바이든처럼 정열적으로 일하면서도 정치와 권력 그 자체를 즐기는 사람들을 '적극-긍정' 유형의 대통령이라고 부른다. 200여 년의 미국 역사에서 큰 업적을 남긴 대통령들은 이 유형에서 가장 많이 나왔다.

　　바이든의 자서전과 연설문들을 찬찬히 읽으면서 내린 결론은 바이든이 겨냥하는 역사적 목표는 현대 대통령직의 창시자랄 수 있는 프랭클린 루스벨트(1933~1945년 재임) 대통령이라는 점이다. 안으로는 대공황을 극복하고 밖으로는 미국의 글로벌 리더십을 확립한 루스벨트의 업적을 자신의 임기 내에 재현하려는 것이 바이든의 야심찬 포부다.

　　루스벨트의 업적이라는 거울을 이번 한미 정상회담에 대입해보자. 먼저 경제 분야. 루스벨트 본인은 금수저 출신이었지만, 1910~20년대에 극심하게 벌어진 빈부격차와 실업 문제 해결에 온 힘을 쏟았다. 대규모 재정을 투입하고 산업 노동자들의 권리를 보호하는 정책 입법을 통해 이른바 뉴딜New Deal 연합을 구축했다.

바이든은 취임 60일 만에 2천조 원의 긴급 경기부양 예산을 통과시키는 데 성공한 바 있다. 이어 하반기에는 5천조 원에 달하는 인프라 예산안 통과를 목표로 뛰고 있다. 하지만 예산을 쏟아붓는 것만으로는 중산층을 되살리기에 역부족이않다. 백악관이 직접 나서서 삼성전자, SK, 현대차의 미국 내 생산공장 설립을 지원하고 독려하는 동기는 결국 미국 내 일자리 확대에 있다.

하지만 삼성전자, SK, 현대차의 투자를 단순히 미국의 요구에 부응하는 수동적 행위로만 볼 일은 아니다. 클라우드, 인공지능, 블록체인 등 첨단산업의 기초를 이루는 반도체 공장들이 미국 본토에 들어서는 것은 한미 관계가 냉전 시대 지정학 동맹을 넘어서고 있음을 시사한다. 자율주행과 전기차로 대표되는 모빌리티 혁명의 주력인 현대차의 미국 진출 확대 또한 한미 관계가 4차 산업혁명기의 지경학Geoeconomics 동맹으로 진화하고 있다는 신호로 볼 수 있다.

*

한미 간에 확장되는 IT·모빌리티 공급망의 심화를 냉전 시대의 틀로만 바라보면, 이는 미중 경쟁을 염두에 두고 제조업 강국인 한국을 묶어두려는 미국의 의도로 밖에 보이지 않을 것이다. 그러나 한국 기업들의 투자 규모와 독보적인 효율성, 코로나 위기에서도 흔들리지 않은 생산 라인의 안정성 등을 두루 고려하면, 이 밸류체인을 미국이 일방적으로 주도한다고 보기는 어렵다.

　루스벨트가 2차 세계대전을 통해 미국의 글로벌 리더십을 쌓아올렸다면, 바이든 대통령은 흔들리는 글로벌 영향력을 재건한 대통령으로 역사에 기록되기를 열망하고 있다. 그러나 바이든의 글로벌 리더십 구현 방식은 루스벨트와 사뭇 다르다. 루스벨트는 2차 세계대전을 정리하는 얄타회담에서 한국을 포함한 수억 명 약소국 시민들의 운명을 시루떡 자르듯 분할했다.

　반면 바이든은 임기 종반에 접어든 문재인 대통령을 자신의 두 번째 대면 정상회담 손님으로 워싱턴에 초대했다. 바이든의 초대는 단순한 정상회담을 넘어 모빌리티, 반도체, 보건안보가 중추를 이루는 새로운 시대로의 초대이기도 하다.

9·11 20주년과 아프간,
두려움과 흥분을 넘어

힘의 공백은 순식간에 혼란과 폭력으로 메워졌다. 우리가 목격했듯 미군이 떠나는 아프가니스탄 카불에서 테러와 탈주, 혼란, 공포가 한꺼번에 폭발하듯 터져 나왔다. 지난달 카불 공항을 뒤덮은 아비규환의 뿌리는 20년 전의 끔찍했던 그날로 거슬러 올라간다.

2001년 9월 11일 뉴욕은 초가을의 아름다움을 한껏 만끽하던 세계 경제의 수도였다. 가을 하늘만큼이나 미국인들의 자부심도 높이 솟아 있었다. 사회주의 소련은 무너졌고 미래의 경쟁자 중국은 아직 개발도상국에 머물러 있었다. 미국은 세상 꼭대기에 홀로 서 있는 듯 보였다. 그날 아침 8시 45분, 알카에다 대원들이 보잉 767 여객기로 세계무역센터 북쪽 타워를 들이받기 전까지는.

104층짜리 세계무역센터 빌딩이 두 시간 만에 잿더미
로 변하는 동안, 미국의 자부심은 타오르는 분노로 바뀌었
다. 그해 초 취임한 조지 W. 부시 대통령은 경험보다는 경
박함으로 더 알려진 인물이었다. 며칠 뒤 방송에 나타난
그는은 '테러와의 전쟁'을 선포했다. 국가 간의 정규전과
는 차원이 다른 새로운 전쟁이었다. 곧이어 알카에다가 숨
어 있다는 중앙아시아의 아름답고 척박한 땅, 아프가니스
탄에 미군의 침공이 시작되었다.

　　미군이 탈레반 정권을 단숨에 무너뜨릴 때만 해도, 이
전쟁이 20년이라는 긴 수렁이 될 줄은 누구도 짐작하지
못했다. 지루한 전투와 지지부진한 국가 재건 사업이 계속
되는 동안 미군과 민간 용역 전사자는 6천 명에 이르렀다.
그리고 그보다 훨씬 더 많은 아프간 사람들이 죽었다.

*

　　모두가 20년 전쟁에 지쳐갈 무렵, 허풍장이 트럼프는
탈레반과 허술하기 짝이 없는 평화협정에 덜컥 서명하고
는 그만 퇴장해버렸다. 상원 외교위원장과 부통령으로 아
프간 전쟁을 다뤄봤던 바이든 대통령 역시 철군 날짜를 9
월 11일로 못 박을 때 이것이 정치적 도박임을 짐작했을
것이다. 하지만 바이든과 그의 참모들은 미국 중산층의 회
복과(아프간 군비의 절약) 외교안보 정책을 연계하는 새로

운 외교 교리에 승부수를 던졌다. 미국 유권자들의 철군 지지 여론(50%) 역시 중대 결정에 대한 불안감을 덜어주었을 것이다.

하지만 도대체 효율적이고 평화적인 후퇴란 것이 역사에 존재한 적이 있었던가? 카불 공항의 참상을 지켜보며 세계인들의 감정은 종종 두려움과 흥분으로 엇갈렸다. ① 미국의 동맹국들은 '미국을 믿을 수 있는가, 미국은 언제든 일방적으로 떠날 수 있는 동맹인가'라는 의심과 두려움이 고개를 들었다. ②다른 한편에서는 세계의 경찰을 자처하던 미국이 이제 자기 앞가림에 바쁘고 바야흐로 미국의 시대는 기울고 있다는 반미의 흥분 또한 적지 않게 퍼져 나가고 있다.

두려움과 흥분은 늘 우리 곁을 맴도는 감정이지만, 국익과 안보를 담보해주지는 않는다.

지난 5월 21일 문재인 대통령과 바이든 대통령이 워싱턴에서 발표한 정상회담의 공동성명문*을 통해 먼저 두려움이라는 감정을 살펴보고자 한다.

---

* 〈한·미 정상 공동성명(2021.5.21, 워싱턴D.C.)〉, 외교부, 2021년 5월 22일.

이 공동성명은 서울과 베이징, 평양, 도쿄의 전략가들을 깜짝 놀라게 할 만한 내용으로 가득하다. 공동성명에 묘사된 한국은 미국의 신안보·경제전략의 핵심 파트너다. 예컨대 문 대통령의 남방정책과 미국의 인도태평양 전략은 아세안 지역에서 만난다. 두 대통령은 아세안 지역에서 경제발전, 에너지 안보, 수자원 관리 등등의 분야에서 긴밀히 협력한다고 다짐하고 있다. 한미 동맹은 한반도를 넘어 수천 킬로미터 밖 동남아시아까지 확장되고 있다.

또한 공동성명은 6G 네트워크, 친환경 전기차 배터리, 전략물자, 바이오테크, 인공지능, 양자기술 등 첨단 분야에서 양국의 긴밀한 협력을 약속하고 있다. 첨단기술 분야의 선도국인 미국은 반도체, 모빌리티, 화학 등의 제조업 강국인 한국과 '4차 산업혁명 동맹'을 확고하게 다지려는 중이다.

*

한미 정상의 공동성명은 화려한 외교문서로 끝나지 않는다. 성명의 문구 하나하나를 놓고 씨름하던 양국 관료들은 이제 합의사항을 정책으로 구체화하며 자신들의 정책 영역을 넓혀간다. 양국 기업들 또한 서로의 이익이 맞닿는 지점에서 공급망을 더욱 강하게 결속하고 있다. 한마디로 우리의 리스크는 미국이 어느 날 갑작스레 철수하는 데 있

지 않다. 오히려 한미 결속 강화에 따른 주변국 관계 관리
가 진정한 리스크이다.

다른 한편으로, 미국 패권이 못마땅한 반미주의자들이
혼란스런 미군 철수를 보며 느끼는 흥분 또한 현실과는 거
리가 있다. 아프가니스탄 철군으로 체면을 구기긴 했으나,
미국의 압도적인 기술력과 군사력은 건재하다. 조지 W. 부
시 시절처럼 넘쳐나는 돈과 허영심으로 세계 곳곳에서 좌
충우돌한다면, 우리는 미국의 쇠퇴를 걱정해야 할 것이다.
하지만 미국 내부의 양극화 해소와 중산층 회복에 힘을 집
중한다면, 미중 경쟁 시대는 꽤나 오래 지속될 것이다.

울퉁불퉁한 길을 걸을 미중 시대에 두려움이나 흥분이
같은 감정을 우리를 지켜주지 않는다. 냉철한 감정의 절제
와 큰 흐름을 주시할 때에야 미중 경쟁의 시대를 헤쳐갈
수 있지 않을까.

역사의 분기점 앞에서

북핵과 도널드 트럼프, 연이은 자연재해가 일상을 어지럽히는 혼돈의 시간, 우리가 기댈 곳은 역사의 교훈뿐이다. 북한의 핵 보유가 9부 능선을 넘어서고 있는 지금, 필자는 미국과 소련이 핵전쟁 일보 직전까지 치달았던 쿠바 미사일 위기에 관한 문헌들을 다시 들춰본다.

1962년 10월, 소련이 미국 본토의 턱밑인 쿠바에 핵탄두 99개를 배치하면서 불거진 쿠바 미사일 위기는, 냉전시대 양대 세력이 핵전쟁과 타협의 기로에 섰던 역사적 분기점이었다. 긴박했던 13일간의 위기 속에서 존 F. 케네디 대통령이 주재한 국가안전보장회의의 녹취록에는 전쟁과 평화의 기로에서 선 리더의 용기와 결단, 그리고 이면에 도사린 혼란과 무질서의 파노라마가 생생하게 펼쳐진다.

(케네디 대통령은 핵 시대 에전쟁과 평화 논리의 본질을 꿰뚫어본 혜안과 핵무기의 재앙으로부터 국민을 지키려는 용기와 결단을 통해 13일 만에 소련의 핵탄두 미사일 전면 철수를 이끌어냈다.)

50년 전 미국과 소련 간의 핵전쟁 위기를 새삼스레 반추하는 이유는 두 가지다. ①필자는 지금이 우리가 누려온 평화와 안정이 지속될 수 있을지를 좌우하는 결정적 분기점이라고 판단하고 있다. ②평화와 안보, 산업 경제, 강대국 관계의 패러다임이 격변하는 역사적 시간 앞에 서 있음에도 불구하고, 집권 여당인 새누리당은 대분기점 앞에서 시대의 흐름을 읽지 못하는 무감각과 일시적인 이슈에 따라 부유하는 모습만을 보여주고 있다.

*

지난 며칠간 이어진 당 대표의 단식 소동'과 그 이전 몇 주간을 장식한 일부의 핵무장론은 여당이 마치 19세기부터 타임머신을 타고 날아온 현대판 고립주의자들 같다는 인상을 주기에 충분하다. 여당 대표의 단식은 국회의장의 '정치'를 정치로 상대하기보다, '최후의 수단'을 동원해 제

---

* 2016년 9월, 당시 새누리당 이정현 대표가 정세균 국회의장의 사퇴를 요구하며 벌였던 단식 투쟁. 당시 야당(민주당 등)이 김재수 농림축산식품부 장관에 대한 해임 건의안을 단독으로 통과시켰다. 이 과정에서 정세균 국회의장이 개회사 등을 통해 중립성을 어겼다는 비판과 함께, 여당인 새누리당은 이를 '의회 민주주의의 파괴'로 규정했다. 이정현 대표는 이에 항의하며 국회의장의 사퇴를 요구했고, 현직 집권 여당 대표로서는 극히 이례적인 '무기한 노숙 단식'에 돌입했다.

압하려 했다는 점에서 폭넓은 공감을 얻지 못했다. 국회와 정당의 본질이 여러 세력이 끊임없이 밀고 당기는 지루한 과정이라고 알고 있는 시민들에게, 당 대표의 '최후의 수단'은 생소한 것이었다. 비장한 승부수였지만, 3당 체제의 협치를 기대하던 시민들에게는 이 비장한 승부수가 의회 정치의 자연스러운 과정으로 받아들여지지는 않았다.

한편 최근 북핵 위기 심화에 대한 대응책을 논의하는 과정에서 불거진 새누리당 일각의 핵무장론은 21세기형 고립주의와 다름없다. 우리가 자체 핵무장의 길을 가기 위해 핵확산금지조약NPT 체제를 탈퇴하고, 미국·일본·중국·유럽연합을 포함한 국제사회의 전면적인 경제 제재를 감수한다면 과연 며칠이나 견뎌낼 수 있겠는가? 수출길이 막히고 석유를 비롯한 필수 원자재들을 들여올 수 없어 글로벌 경제와 문화로부터 고립될 때 새누리당은 시민들에게 이 길만이 우리가 살길이라고 설득할 수 있을까?

집권 여당이 안팎으로 고립을 자초하는 요즘 사이, 바깥 세계에서는 경제 패러다임과 안보, 강대국 관계가 새로운 갈림길에 서는 '역사적 대분기'가 빠르게 펼쳐지고 있다. 지난봄 서울에 나타나 이세돌 9단을 압도하며 세상을 놀라게 한 알파고의 등장은 우리가 이미 포스트 산업화 시대로 성큼 진입했음을 보여줬다. 인공지능은 단지 좀 더

똑똑한 자동차나 기계의 등장으로 끝날 일이 아니다. 날로 똑똑해지는 인공지능과 어떤 관계를 맺느냐에 따라 교육·언론·미디어·법률·의료뿐 아니라 정부와 정당의 역할 또한 혁명적으로 바뀌게 될 것이다.

또한 북한 핵무기의 실전 배치는 지난 수십 년간 유지돼온 한반도의 평화와 전쟁의 균형추가 완전히 새로운 국면으로 접어들었음을 의미한다. 이제 북핵으로부터 우리를 지키기 위해 한미 동맹을 전면적으로 재설정돼야 하는 시대적 과제를 안게 됐다. 한미일 삼각 협력 역시 북핵 억제라는 관점에서 재정립되어야 한다. 평화를 수호하기 위한 중국·러시아와의 협력에도 대담한 신사고new thinking가 필요하다.

*

우리는 1997년의 외환위기, 1972년 석유파동과 8·3 긴급경제조치, 1971년 미국-중국의 비밀 교섭에 따른 '방기abondonment'의 불안 등 숱한 위기를 헤쳐 왔다. 그러나 100여 년 만의 산업 패러다임 전환, 수십 년간 유지된 한반도 군사 균형의 불안정화, 그리고 주변 강대국 관계의 구조적 변동이라는 거대한 파도들이 이처럼 동시다발적으로 우리 삶을 덮쳐온 적은 없었다. 역사적 분기점은 마치 쿠바 미사일 위기 때처럼 정치인들의 용기와 지혜, 판단력과 아울러 무지와 무감각을 시험하는 시간이다. 정부 주도의 경제 발전과 세계화 개방을 주도하며 세계적 흐름에 기민하게 대응해왔던 우리는 지금의 결정적 분기점 앞에서 올바른 선택을 내릴 수 있을까?

문재인표 한미 관계의 딜레마

미국 트럼프 대통령 시대의 한미 관계를 가늠해볼 간단한 퀴즈 하나. 다음의 두 발언 가운데 차기 지도자 선호도 1위를 달리는 문재인 전 대표의 발언은 어느 것일까? 또한 그의 정치적 뿌리인 노무현 전 대통령의 발언은 어느 것일까?

발언 1: 국내에서 여러 가지 비판적 의견과 반대여론이 있(지만) … 동맹 관계를 존중하고 또 오랫동안의 우호 관계와 미래의 우호 관계를 고려해 미국에 대한 지지 의사와 지원을 적극적으로 표명하는 것이 우리로서는 적절한 선택이라고 생각합니다.

발언 2: 미국이냐 북한이냐 선택하라는, 그 질문에 대해선 미국이라고 답해야 한다는 제한된 사고가 있는 것 같습니다. 그게 정말 슬픈 일이죠. … 미국은 우리와 오랜 우방이자 오랜 친구입니다.

실용적 동맹 관계를 강조하는 '발언 1'은 북핵 위기와 미국의 이라크 파병 요구 사이에서 고민을 거듭하던 노무현 전 대통령이 2003년 국가안전보장회의에서 한 발언이다. 한편 한미 동맹과 남북 관계의 딜레마 속에서 '햄릿'형 고민("죽느냐 사느냐 그것이 문제로다")이 잔뜩 묻어나는 '발언 2'는 정책대담집 《대한민국이 묻는다》에서 문재인 전 대표가 한미 관계 구상에 관해 밝힌 한 대목이다.

한미 관계는 청와대와 백악관에 어떤 리더가 들어앉느냐의 조합에 따라 냉탕과 온탕을 극단적으로 오가는 구조다. 따라서 우리는 트럼프 행정부의 예측불가능성 못지않게 문재인 전 대표의 대외정책 리더십에 대해서도 면밀히 점검해보아야 한다.

문 대표의 내향적 의식구조를 차치하더라도 (문 대표 스스로가 밝힌 가장 화났을 때 참는 법은 '혼술'이다.) 새 정부의 한미 관계는 적어도 두 가지의 중대한 장애물과 씨름하게 될 것이다. ①4당 체제 국회 내의 교착과 책임회피의 정치 ②시민들이 요구하는 민주적 외교안보정책과 밀실 관료주의 사이의 딜레마.

예컨대 (가상적) 문재인 정부가 주한미군의 사드THAAD 부대 배치 결정을 원칙적으로 수용하되, 이는 '국가 재정 부담을 초래하는 국제 간 합의이니만큼 국회 비준 동의를 구한다'*고 할 때에 직면할 첫 번째 난관은 4당 체제로 구성된 20대 국회가 드러낼 '책임회피의 정치politics of blame avoidance'다.

이념적으로 사드 배치를 지지하는 (가상적) 두 야당 새누리당과 바른정당이 실제 동의안 처리에 적극적으로 앞장설지는 의문스럽다. 2003~2004년 이라크 파병 동의안 처리 과정에서 당시 야당인 한나라당이 보여주었듯, 이념에는 찬성하면서도 대통령의 외교안보정책에 (당시에는 이라크 파병) 굳이 앞장서는 정치적 부담을 지지 않겠다는 책임 회피의 속성은 여전할 것이다.

'초당적 외교'라는 의원들의 달콤한 수사는 카메라 앞에서만 유효할 뿐, 의사당의 문턱을 넘지는 못한다. 게다가 내부적으로 찬반이 갈리는 민주당 의원들이 비준 동의안을 적극적이고 안정적으로 끌고 갈 수도 없는 형편이다.

---

* 문재인 저, 문형렬 편, 《대한민국이 묻는다》, 21세기북스, 2017년 1월 20일, 194쪽.

강렬한 목표의식과 불같은 추진력을 가졌던 노무현 전 대통령조차 국회의 파병동의안을 이끌어내는 데 거의 1년의 시간이 소요되었다. 과연 문재인 대표는 책임 회피와 교착의 정치를 돌파할 '사자의 의지'와 '토끼의 꾀'를 동시에 발휘할 수 있을까?

*

　문재인 대표의 대미정책이 마주할 두 번째 딜레마는 '시민정치'와 '관료주의'의 충돌이다. 지난 한 해 시민들은 한국 민주정치가 보여준 일상적 절차의 총체적 실패에 대해 준엄한 심판을 내린 바 있다. 동시에 민주적 절차의 대대적 혁신을 요구하며 적극적 민주 시민으로 다시 등장했다. 적극적 시민들은 이제 새 정부의 한미 방위비 분담금 협상, 사드 배치와 같은 이슈들에도 민주적 투명성과 책임성의 햇볕이 환하게 비치길 기대하고 있다.

　문제는 국방부 및 외교부 관료들이 외교안보의 기밀성과 시급성이라는 방패 뒤에 숨어 여전히 밀실 관료주의에 젖어 있다는 점이다. 과연 문 대표는 뿌리 깊은 안보 관료주의의 독선적 비밀주의를 통제하면서 21세기 시민들의 적극적인 참여 요구를 안보정책 결정 과정에 성공적으로 담아낼 수 있을까?

노무현 전 대통령이 소수 여당의 한계와 지지 세력의 거센 비판을 뚫고 한미 자유무역협정FTA, 전략적 유연성 합의 같은 역사적 성과를 남길 수 있었던 동력은 노 대통령 특유의 강렬한 역사의식과 뚜렷한 목표의식이었다. 문재인 대표는 과연 4당 체제의 한계와 관료주의의 저항을 뚫고 나갈 결연한 의지와 정치력이 준비되어 있는가? 문 대표가 단순한 정권 교체를 넘어, 한미 관계의 역사적 유산을 계승하고 일관된 안보정책을 수립할 준비가 되어 있는가? 그는 당파성 악순환으로부터 벗어나 외교안보의 가치와 목표를 재정립할 준비가 되어 있는가?

지지율 하락과 내러티브의 빈곤

"저는 사람에 충성하지 않습니다." 아직도 선명하게 기억에 남아있는 한 문장. 공직자의 소신을 강렬하게 담은 이 한 마디는 윤석열 검사가 9년 후 대통령에 오르는 드라마의 출발점이 되었다.

간결하고 강렬하게 소신을 피력하던 윤 대통령의 언어는 올 여름 들어 흔들리고 있다. 일부 장관 지명자들에 대한 언론과 민심의 따가운 비판 앞에서 대통령은 잠시 평정심을 잃은 듯했다. 자제력과 설득력이 주춤하는 모습은 시민들에게뿐만 아니라 워싱턴과 베이징에서도 예민하게 포착되었을 것이다.

대통령의 메시지가 겉돌기 시작하면서 윤석열 정부에 대한 비판은 초반부터 뜨거워지고 있다. 우리가 눈부시게 빠른 속도의 사회임은 분명하지만, 단 60일의 성과로 모든 걸 재단하기에는 다소 이르지 않을까?

*

윤 정부가 짊어진 역사적 좌표를 생각하면, 실패는 단지 대통령 한 사람의 문제로 끝나지 않는다. 윤 정부의 실패는 수년간 흔들려온 법치와 민주주의가 아예 나락으로 곤두박질치는 결과로 이어질 수 있다. 또한 윤 대통령이 시민들의 살림살이를 옥죄는 극심한 인플레이션을 잡지 못한다면, 증오와 극단이 지배하는 정치의 문이 활짝 열릴 것이다. 20세기 초반 바이마르 독일의 비극적 역사에서 보았듯이, 극심한 인플레이션은 마음속의 어두운 충동을 부추긴다.

혼돈을 수습하기 위한 윤 대통령의 최우선 과제는 '대통령다운' 내러티브를 복원하는 것이다. 인스타그램에서 사진이 아무리 예뻐도 조회수가 나와야 의미가 있듯이, 대통령의 정책적 노력도 내러티브를 통해 민심과 맞닿을 때에야 그 성과를 인정받을 수 있다. 노력과 인정은 별개인 셈이다.

세 가지를 강조하고자 한다.

①경제, 안보, 공공부문 개혁 등 여러 전선에서 진행되고 있는 새 정부의 정책들을 간결하게 전달하는 통일된 내러티브를 고안해야 한다. '문제는 경제야'처럼 간결한 내러티브가 개발되어야 하며, 대통령의 메시지는 이 내러티브 안에서 일관되게 반복되고 변주되어야 한다.

②평범한 시민들이 삶에서 일어나고 있는 일들에 대한 판단과 대통령의 현실 판단이 수렴하고 있음을 보여줘야 한다. 최근 윤 대통령의 메시지는 대통령과 보통 사람들의 현실 인식이 얼마나 동떨어져 있는지를 보여줬을 뿐이다.

③새로운 내러티브의 개발은 대통령실의 가장 젊은 스태프들에게 맡겨야 한다. 이른바 '서오남(서울대 출신 50대 남성)'들은 어떤 면에서는 유능한 인물들이겠지만, 이들은 우리 사회에서 빠르게 진행되는 언어와 라이프스타일 변화의 흐름에서는 비교적 비껴나 있다.

*

먼저 정책 내러티브부터 살펴보자. 사실 윤 대통령은 취임 직후부터 굵직한 정책들을 숨 가쁘게 결정해왔고, 가시적 성과를 내고 있는 분야도 있다. 수도권 부동산은, 금리 인상과 자산 거품에 대한 우려 때문이기도 하지만, 뚜렷한 안정세를 보이고 있다. 또한 지난 정부가 미래세대에게 떠넘긴 천문학적 규모의 빚잔치를 멈춰 세우고, 공공부문의 허리띠 졸라매기를 주도하고 있는 것도 사실이다.

그럼에도 윤 대통령의 정책 수행에 대한 시민들의 평가는 계속 하향세다. 문제의 핵심은 여러 정책의 의미를 관통하는 중심 내러티브가 빈곤하다는 데 있다. 시민들이 대통령의 정책적 함의를 스스로 찾아내 평가해주기를 바랄 수는 없는 노릇이다.

글로벌 경기침체의 공포, 러우전쟁 이후의 공급망 교란과 원자재 가격 폭등, 미중 반도체 전쟁이 중첩된 위기 속에서 윤석열 정부가 몰두하고 있는 일은 모두 '위기 관리'다. 다발적으로 터지는 빨간불에 대응하느라 분주하지만 정작 시민들에게 위기 상황과 대응 방안을 전달하는 내러티브는 매우 부실하다. 위기는 여기에서 비롯되었다.

내러티브 빈곤의 두 번째 측면은 보통 시민들의 눈높이에 맞춘 언어가 부족하다는 점이다. 일부 장관 후보자들의 의혹과 일탈이 문제시될 때, 시민들의 비판은 자신들의 삶의 경험에서 우러나온 것이었다. 평범한 시민들이 매일매일 전쟁 같은 삶을 치르며 체득한 생활 세계의 상식을 대통령이 헤아리지 못할 때 대통령의 말은 허공을 맴돌 수밖에 없다.

셋째, 윤 대통령의 주요 참모들이 대부분 '서오남'으로 채워져 있다는 점을 고려한다면, 이제라도 대통령실의 내러티브 TF는 젊은 세대가 주도하도록 재정비되어야 한다. 지금까지 봐오던 구색 맞추기식 청년 기용을 말하는 것이 아니다. 그보다는 "나는 윤 대통령 개인에 충성하지 않는다," "헌법 가치와 윤 정부의 역사적 의미에만 충성하겠다"는 각오를 가진 젊은이들부터 삼고초려해야 한다. 주변 인물들의 사천私薦이나 화려한 스펙으로 승부하는 청년 기용으로는 지리멸렬한 메시지에서 벗어날 수 없다.

9년 전 윤 대통령의 "사람에 충성하지 않는다"는 발언은 돌이켜보면 한국 정치의 한 변곡점이었다. 그때의 초심을 되새기며, 대통령의 메시지부터 추스를 때 임기 초반의 동요는 진정될 수 있을 것이다.

바이든 대통령의 서울 일기

윤석열 대통령 취임 10일 만에 미국 바이든 대통령이 첫 번째 손님으로 2박 3일 한국을 방문한다. 한미 정상이 다뤄야 할 정책 의제 분석은 이미 넘쳐난다. 복잡다단한 정책 논의를 반복하기보다는, 바이든 대통령의 가상 일기를 통해 그의 인식과 미국의 전략을 유추해보자. 이번의 2박 3일이 앞으로의 3년을 좌우하게 된다.

*

#5월 20일. 한국으로 오는 비행기 안에서 윤석열 신임 대통령의 취임사를 한 번 더 읽어보았다. 나는 부통령 재임 시절부터 네 명의 한국 대통령을 경험해봤는데, 솔직히 말하자면, 윤 대통령에 대한 기대가 크다. 취임사 첫머리에서 윤 대통령은 한국 대통령으로는 처음으로 자신의

연설이 '자유를 사랑하는 세계 시민 여러분'에게 발신하는 것임을 밝힌 바 있다. 이 메시지는 1919년 한국의 3·1 독립운동을 정서적으로 지원했던 우드로 윌슨 대통령의 '민주주의 세계의 평화' 관념과 공명하는 것이다.

자유주의 세계의 평화가 윌슨 대통령 이후 미국 외교의 중핵으로 자리 잡았으니, 윤 대통령의 글로벌 자유주의 지향과 미국 외교 교리는 궁합이 맞는 셈이다. 검찰총장 출신의' 대통령이 국내 문제나 남북한 문제에만 매몰되지 않으리라는 기대를 가져본다.

구체적으로 말하자면, 코로나 팬데믹과 러우전쟁, 미중 경쟁의 심화를 거치면서, 세계는 자유주의 블록과 그에 대항하는 대안 블록으로 재편되는 중이다. 자유무역의 원칙은 중요하지만, 나는 반도체, 배터리, 태양광 패널, 석유, 가스 등 핵심 상품들의 공급망을 자유주의를 옹호하는 국가들을 중심으로 재구축하고 있다.

더 나아가 한국의 뛰어난 기술력은 한미 양국이 양자 컴퓨팅, 우주 개발, 친환경 기술 분야에서도 선도적인 동맹으로 나아가는 원동력이 될 것이다.

*

#5월 21일. 오늘은 공식 정상회담의 날이다. 용산에서 열리는 정상회담에 앞서 백악관 참모들은 높은 기대 못

지않게 리스크도 없지 않다는 점을 내게 상기시켜주었다. (대통령에게 정책 리스크를 끊임없이 일깨워 주는 게 그들의 역할이다.)

윤 대통령과 나는 큰 틀에서 지향하는 바가 같지만, 한국의 상황을 면밀하게 주시해온 백악관 참모들에 따르면 안팎으로 도사린 리스크가 적지 않다. 크게 두 가지다. ① 한국의 여소야대 지형이 초래할 리스크 ②북한과 중국이 윤 대통령을 상대로 벌일 역량 테스트.

먼저 여소야대 정부의 리스크부터 생각해보자. 여야 정당이 극한 대립을 벌이는 것이 요즘 세계적 추세이긴 하지만, 한국 야당의 전투력은 각별하다고들 한다.

국회 170여석을 거느린 한국의 야당은 국내 정책뿐만 아니라 외교정책에서도 윤석열 대통령의 행보에 반대할 가능성이 있다고 들었다. 과거에도 한미 FTA 비준, 한국군 이라크 파병 등을 거세게 반대한 바 있다.

실제로 이 정책을 추진한 이는 같은 당 소속의 노무현 대통령이었지만, 노 대통령은 이들과의 대립으로 통치 에너지의 대부분을 소진했다는 이야기를 들었던 기억이 난다.

한국의 거대 야당은 윤 대통령과 내가 지나치게 밀착한다며, 아마도 핵심 의제 중의 하나를 골라 윤 대통령을 집중 비판하려 들 것이다. 그 대상이 한국의 인도태평양 경제프레임워크IPEF 가입이 될지, 한미일 협력 강화가 될지 혹은 오커스AUKUS(미국·영국·호주 협력체)에 대한 한국의 합류가 될지는 아직 알 수 없다. 아마도 전체적인 분위기는 한국의 여론을 주도하는 젊은 세대가 윤 대통령의 새 외교 전략을 어떻게 평가하느냐에 달려 있지 않을까?

참모들이 내게 상기시켜준 윤 대통령 외교의 두 번째 리스크는, 북한과 중국이 시도할 것이 확실한 '윤 대통령의 의지와 결단력 테스트'다. 한미 관계가 안보 동맹을 넘어 4차 산업혁명 동맹으로 진화하고, 양국의 파트너십이 동남아시아와 인도양 지역으로 확장되어 갈 때, 북한과 중국은 견제구를 하나쯤은 꽂아 넣으려 할 것이다. 구체적인 방식은 예단하기 어렵지만, 그들은 윤 대통령이 내건 '자유주의 연대'와 '글로벌 중추 국가'에 대한 의지를 반드시 시험하려 들 것이다.

이때 윤 대통령은 과거 검찰총장 자리에서 보여주었던 인내심과 의지를 국제 정치의 무대에서도 발휘할 수 있을까? 그가 이 시험을 어떻게 통과할지 나는 관심 있게 지켜볼 것이다. 아마 중국의 시진핑 주석도, 일본의 기시다 총리도 조용하지만 면밀히 주시하고 있을 것이다.

#5월 22일. 한국 방문 마지막 날. 한국에는 '시작이 반'이라는 속담이 있다고 한다. 그동안 험난한 길을 걸어왔던 안보·경제 동맹을 넘어 4차 산업 과학기술 동맹으로 진화하는 한미 양국의 변화는 시작되었다. 이제 윤 대통령과 나에게 남은 관건은, 이러한 대외전략의 변화를 뒷받침할 국내 기반을 어떻게 유지하느냐 하는 점이다.

극심한 인플레이션과 정치적 양극화라는 국내 정치의 격랑 속에서 살아남아야만 윤 대통령도 나도 서울 정상회담의 성과들을 기쁘게 돌아볼 날이 올 것이다.

20년의 베팅과 신냉전 동맹

70주년 팡파르를 위한 준비는 완벽했다, 얼마 전까지는. 아시아의 작은 나라였던 우리가 한미동맹 70년을 거치며 반도체·배터리·군수산업의 글로벌 강국으로 우뚝 올라섰기에, 이달 말 워싱턴으로 향하는 윤석열 대통령은 한미동맹 70주년을 자축하고 새로운 시대를 선언할 자격이 충분했다. 수조 원 단위로 미국 곳곳에 투자하는 대기업 리더들과 함께 방문하는 길인 만큼 한국 대통령이 기세를 올리는 것은 당연할 터였다.

하지만 대통령실 주변의 들뜬 분위기와 달리 시민들 반응은 심드렁하다. 두 가지 요인이 있다. 첫째, 단기 요인. 동맹 관계에서도 종종 불거지는 '도청 의혹'이라는 난기류와 그에 대한 서투른 봉합. 둘째, 윤 대통령이 주도하는 한미 동맹 심화 프로젝트를 설명할 '프레이밍의 결핍.' 단기 요인부터 짚어보자면, 10여 년만의 국빈 방문을 앞두고 윤 대통령은 핵심 참모인 국가안보실장을 교체했다. 이어서 대통령실 참모들에 대한 미국 측의 도·감청 의혹이 터져 나왔다. 이스라엘이나 독일이 그랬던 것처럼 정부는 서둘러 봉합에 나서고 있지만 시민들은 정부의 당황한 기색을 알아채고 있다.

단기적인 흔들림에도 불구하고, 필자는 이번 윤 대통령의 워싱턴 방문이 향후 20년의 미래를 결정할 '역사적 베팅'이라고 본다. 1961년 케네디 대통령을 만나러 갔던 박정희 의장의 방미가 이후 20년 가까운 고속 산업화의 기틀을 다지는 베팅이었고, 반미 성향으로 알려졌던 노무현 대통령이 단행한 한미 FTA도 이후 20년 한국이 제조업 선진 국가로 발돋움하는 발판이 되었다.

마찬가지로 윤 대통령이 이번 방미에서 부각할 한미 간 4차 산업 동맹과 인도태평양 지역 전략 등은 신냉전 시대 한국의 생존이 걸린 중대한 베팅이다. 경제 안보, 반도체 공급망, AI 협력을 새삼 재론하지 않더라도, 우리가 이 시점에서 자유주의 동맹에 합류하는 것은 불가피하고도 명백한 선택이다.

문제는 이러한 역사적 베팅을 설명하는 대내적 프레임이 빈곤하다는 점이다. 중도층과 청년 세대는 한미 관계의 심화와 확대를 조건 없이 지지하지 않는다. 아무리 명백하고 불가피한 선택일지라도 이를 정당화하는 설득의 언어는 필수적이다. 윤 대통령은 마땅히 국가 대전략의 큰 그림과 한미 동맹의 강화를 하나의 일관된 내러티브로 묶어서 제시해야 한다.

＊

　당대 여론을 설득하지 못하면 역사적 베팅도 얼마든지 퇴색될 수 있다. 역사를 거슬러 올라가보자. 작고 단단한 체구에 강렬한 눈빛을 지닌 박정희 의장이 1961년 11월 백악관으로 케네디 대통령을 방문했을 때, 워싱턴은 의심 가득한 눈초리로 한국의 새 리더를 맞이했다. 케네디의 의심에는 나름의 근거가 있었다. 쿠데타 이전부터 박정희 의장이 미국 인맥을 바탕으로 출세가도를 달리던 한국군 장성들에 대한 반감이 컸다는 사실은 널리 알려져 있었다. 게다가 군대를 동원한 5·16 쿠데타는 당시 한국군 작전권을 통제하던 미국으로서는 체면을 크게 구긴 일이었다.
　이 방문에서 박정희는 냉전 시대 한미동맹의 기틀을 다지는 역사적 베팅을 던짐으로써 워싱턴과 국내를 놀라게 만들었다. 박 의장은 미국이 빠져들고 있던 베트남전쟁에 한국 군대를 파견하겠다고 선제 제안했다. 아시아 냉전 동맹에 적극 뛰어든 이 베팅이 이후 한국 산업화의 토대가 된 점은 우리가 이미 잘 아는 바다. 하지만 국내에서 막강한 권력을 휘두르던 박 의장조차 이러한 베팅의 후폭풍을 피할 수 없었다. 당시 대학생과 시민들은 베트남 파병과 한일회담 재개에 격렬하게 반대하고 나섰다. 이를 계기로 촉발된 1963년의 위기는 박정희 체제 전반기 최대의 정치적 위기로 이어졌다.

*

"사진이나 찍으러 미국에 가지는 않겠다"던 노무현 전 대통령 역시 집권 이후 한미동맹의 글로벌화에 과감한 베팅을 감행했다. 주변 참모들의 극심한 반대를 무릅쓰고 노 대통령은 2003년 부시 대통령이 요청한 이라크 파병을 결정했고, 이어서 한미 FTA를 추진했다.

노 대통령의 결단은 이후 20년간 우리가 제조업의 글로벌 선도 국가로 올라서는 바탕이 되었다. 하지만 정작 지지층은 돌아섰고 여당 내에서는 파병 반대와 한국의 식민지화를 울부짖는 이들이 속출했다. 역사적 베팅으로 'G10 국가'의 기틀을 마련한 노 대통령은 쓸쓸한 임기 후반기는 그렇게 쓸쓸했다.

자유주의자를 자처하는 윤 대통령에게 한미동맹의 강화는 당연한 선택일 것이다. 이전 정부에서 잠시 궤도를 이탈했던 한미 관계를 정상화하겠다는 의지도 크게 작용할 것이다. 그러나 이 정도를 역사적 베팅이라 부르지 않는다.

우리는 다시 해양 자유주의 세력과 대륙 권위주의 세력이 충돌하는 지점에 서 있다. 자유주의 동맹은 우리에게 '명백한 선택'일지라도, 리더는 역사적 선택의 빛과 그림자, 꿈과 리스크를 압축한 '설득의 프레임'을 국민들에게 내놓아야 한다. 큰 프레임 없는 역사적 베팅이란 없다.

대통령의 두 얼굴

#1. 캠프 데이비드 회담을 마치고 돌아오는 윤석열 대통령의 표정은 두 가지를 말하고 있었다. 하나는 2차 냉전 시대를 헤쳐 갈 대외전략의 큰 그림을 완성했다는 자부심. 다른 하나는 별반 달라질 일이 없는 국내 정쟁을 떠올리면서 드는 피곤함과 외면하고 싶은 마음.

모든 대통령은 내심 대통령직의 두 얼굴(외교와 내정)이 매끈하게 분리되기를 바란다. 대외적으로 국가의 이익과 위신을 추구하는 외교 전선에서 필자는 대통령이 국익의 수호자로서 자유롭게 '역사적 결단'을 내려야 한다고 믿는다. 나아가 국내 정치의 분열과 혼란이 국익을 논하는 외교무대를 '오염'시켜서는 안 된다고 믿는다. (캠프 데이비드의 한적한 숲속에는 가짜 뉴스도, 삼각지의 확성기 소리도 들리지 않았을 터.)

*

#2. 윤석열 대통령 역시 누구보다 외교와 내정의 분리를 열망하고 있을 것이다. 이에 대해 두 가지 논점을 짚어 보고자 한다.

①민주적으로 선출된 대통령에게 '외교와 내정의 분리'라는 우아함은 실현 불가능한 꿈이다. 원론적인 얘기지만, 대통령의 모든 권력 기반은 국내 정치에 있다. 선거를 통해 대통령에게 막대한 권력을 부여한 것은 국내 정치다. ②외교와 내정이 분리될 수 없으니 야당의 협조를 구하라는 상투적 주문을 하려는 것은 아니다. 그보다는 좀 더 넓고 긴 호흡에서 외교와 내정의 선순환을 모색해야 한다. 윤 대통령으로서는 캠프 데이비드 원칙이 신냉전 시대 우리의 생존전략이라는 점에 한 점 의심이 없겠지만, 중대한 외교적 결단은 국내 정치의 설득 과정이라는 험난한 시험대를 통과해야 한다.

한때 떠들석했지만 지금은 흔적조차 찾기 어려운 전임자들의 '동북아 균형자론'(노무현 정부), '유라시아 이니셔티브'(박근혜 정부)의 운명을 돌아보라. 캠프 데이비드 원칙이 윤 대통령의 굳건한 신념의 소산이라면 그 합의의 도출에 쏟은 만큼의 에너지와 정열을 국내 이해당사자들을 설득하는 데에도 쏟아야 한다. 화려한 외교무대와 처절한 국내 정치라는 이질적인 두 세계를 잇는 것은 대통령 권력의 숙명이다.

*

#3. 외교와 내정이 분리될 수 없다는 교과서적인 얘기를, 윤 대통령이 존경하는 정치인 처칠의 사례를 통해 살펴보자. 때는 1945년 2월, 장소는 크림반도 남쪽의 휴양지 얄타. 독일과 일본의 군국주의에 대한 연합국의 우세가 굳어지자 승전국인 미국, 영국, 소련의 지도자들은 얄타에 모여 전후 질서를 둘러싼 치열한 외교전쟁을 벌였다.

전후 독일의 처리 방안과 동유럽의 국경선 획정 등을 놓고 치열한 수 싸움을 벌이던 처칠 수상은 불현듯 스탈린에게 신세 한탄을 털어놓았다. "나는 다음번 회담에 오지 못할 듯하오." 나치라는 괴물에 맞서 영국과 유럽을 구한 처칠이 다음 회담에 못 나온다니? 독재자 스탈린으로서는 도무지 이해되지 않았다.

2차 세계대전 종전의 와중에 치러진 1945년 7월 하원 선거에서 영국의 유권자들은 전쟁을 승리로 이끈 처칠의 보수당을 외면하고, 복지국가와 의료 국유화, 실업 대책 등을 약속한 노동당에게 다수 의석을 안겨주었다. 전쟁은 끝났으니 승리에 대한 보상보다는 앞으로의 삶의 질이 더 중요했다. 결국 1945년 7월 포츠담 회담 도중 영국의 대표는 처칠에서 노동당의 애틀리 수상으로 교체되었다. 민주정치의 리더들에게 외교와 내정의 분리라는 여유는 상상 속에만 존재한다.

*

#4. 그렇다면 캠프 데이비드의 원칙과 합의가 신냉전 시대의 대외전략으로 안착하기 위해 국내 정치에서 어떻게 소화되어야 하는가?

첫째, 먼 훗날 역사가 캠프 데이비드의 외로운 결단을 평가해주리라고 믿고 기다리는 길이 있다. 하지만 험악한 우리 정치 현실 속에서 이는 낭만적인 희망에 불과하다. 둘째, 이제라도 야당과 협치를 추진해 신외교 노선에 대해 초당파적 접근을 해야 한다는 조언도 있다. 하지만 민주정치의 한계선을 아슬아슬하게 넘나드는 야당과 직접 대화하는 일은 타협 정치의 거두였던 김대중, 김영삼 대통령에게도 어려운 과제였을 것이다.

필자가 권하고 싶은 방안은, 진부하게 들릴지라도, 폭넓은 대화다. 윤 대통령이 직접 국회의장단과 여야 원내대표를 만나 캠프 데이비드 정신과 원칙에 대해 설명하고 이해를 구해야 한다. 아울러 레거시 언론과 뉴미디어를 통해서도 캠프 데이비드의 성과를 적극적으로 알려야 한다. 예를 들어 구독자 276만 명(2026년 1월 기준 364만 명)의 경제 유튜브 채널 '슈카월드'도 지난 주말 캠프 데이비드 회담 해설을 긴급 편성했었다. 하지만 진행자는 합의 내용을 요약할 뿐, 방송 내내 중립적 태도를 유지했다는 점에 주목해야 한다.

윤 대통령의 적극적인 소통은 단순히 신외교전략에 대한 지지를 확보하는 차원을 넘어선다. 대립과 기만, 적개심으로 혼수상태에 빠진 우리 민주정치에 산소를 공급하는 일이기도 하다. 민주정치가 숨을 쉬어야 캠프 데이비드 정신이 오래 살아남을 여지도 넓어진다.

안중근 의사의 전쟁과 평화

며칠 후면 3·1절 103주년을 맞는 가운데, 우리는 유라시아 대륙 반대편에서 벌어지는 약소국의 비애를 지켜보고 있다. 결코 작다고 할 수 없는 나라임에도 불구하고 우크라이나의 '자주 평화'는 강대국 파워게임 속에서 바람 앞 등불 신세다.

전쟁과 평화라는 근본적인 문제 앞에서 우리 역사를 돌아본다. 마침 다가오는 삼일절은 대한 독립운동의 영웅 안중근 의사가 남긴 전쟁과 평화의 사상을 되새기기에 더없이 좋은 시점이다.

물론 평범한 이웃들은 본능적인 삶의 대응에 나서고 있을 것이다. 더 높이 치솟을게 뻔한 장바구니 물가가 첫 번째 걱정이다. 에너지와 곡물 시장의 위기를 정교하게 예측하지 않더라도, 생활인의 감각은 다가올 충격을 이미 예감하고 있다.

*

독립 영웅 안중근 의사는 1909년 10월 하얼빈 거사 이후, 뤼순 감옥에서 전쟁과 평화에 대한 놀라운 통찰을 남겼다. 시시각각 죽음이 다가오는 뤼순 감옥에서 안 의사는 자서전《안응칠 역사》와《동양평화론》을 집필했다.《동양평화론》은 10여 쪽 안팎의 짧은 글이지만 그 안에는 20세기 초 강대국 권력 정치 속에서의 자주와 독립, 국가 간 전쟁과 평화에 대한 빛나는 통찰이 가득하다.

우리는 흔히 안중근 의사를 독립투쟁에 몸을 던진 영웅으로만 기억하지만, 이는 그 고결한 정신의 단면일 뿐이다. 죽음을 눈앞에 두고 피를 토하듯 써내려간《동양평화론》, 뤼순 고등법원장과의 대화를 담은《청취서》에는 20세기 제국주의의 야만성과 서구 문명에 대한 날카로운 비판이 담겨 있다. 달리 말해, 안중근 사상의 두 번째 축은 "세계는 동서로 갈라지고 서로 경쟁하기를 밥 먹듯 하며… 날이면 날마다 무력만을 일삼는" 폭력과 무질서의 세계라는, 현실주의 세계관이다.

안중근 사상의 특별함은 냉혹한 권력 정치의 현실을 직시하면서도 그를 뛰어넘는 꿈을 꿨다는 데 있다. 재판정에서 스스로를 '대한독립 전쟁의 의병 참모중장'으로 부르라고 의연히 요구했던 30세 청년은, 전쟁이 없는 상태로서의 동양 평화와 세계 평화를 꿈꾼 이상주의자이기도 했다. 평화의 꿈은 막연한 몽상이 아니었다. '동양평화회', '공동은행', '공동화폐', '공동군대' 설립을 제안한 실천적 비전이었다.

오늘의 우리는 안 의사가 목숨을 던져 구하려던 인약仁弱의 나라를 벗어난 지 오래다. 하지만 그의 전쟁과 평화관은 오늘날에도 무궁무진한 토론과 성찰의 토대를 제공한다.

먼저 안 의사가 예리하게 그리고 비판적으로 인식했던 '폭력과 무질서의 세계'가 지닌 현대적 의미를 돌아보자. 19세기 말 한국의 위정자들은 전통적인 사대교린事大交隣 질서의 세계관에서 벗어나고자 애처로운 혼란을 거듭했지만, 안 의사는 이미 낡은 구세계는 붕괴했다고 보았다.

이어서 서구 열강이 들여온 만국공법(국제법)의 시대가 열렸지만, 안 의사는 이를 단호히 부정했다. "이른바 만국공법이니 엄정중립 등의 설은 최근 외교가의 교활한 술책이니 말할 것이 못된다"는 것이다. 각 국가의 주권을 말하지만 그것은 "경쟁의 설說로서 동서양 육대주에 포연탄우가 그치는 날이 없는" 세계라는 것이다.

　이윽고 이웃 나라 일본은 "가장 가깝고 친했던 인약한 같은 종족인 한국을 억지로 탄압했다"고 일갈했다. 이 통찰을 요즘 말로 풀이하자면, 경제·사회적 교류가 활발해지고 상호의존이 깊어지면 이웃 나라들끼리 평화가 유지된다는 이른바 '민주평화론'은 허황된 이론인 셈이다. 교류와 협력이 중요할지언정 신뢰 없는 겉치레 교류는 평화를 보장하지 못한다.

*

　안중근 사상의 절정은 국가 간 힘의 경쟁이라는 냉혹한 현실을 직시하면서도 평화를 구체적으로 꿈꾼 데에 있다. 《청취서》에서 안 의사는 "은행을 설립해 각 나라가 공유하는 화폐를 발행하면 반드시 신용을 얻게 되니 금융은 자연스럽게 돌아가고," "(한중일) 세 나라의 능력 있는 자들을 모아 동양평화회를 조직하고 세계에 공표하자"고 제안한다. 중요한 지역마다 평화지회를 마련하는 동시에 은행 지점을 두자는 것이다.

　또한 "세 나라의 강건한 청년들을 모아서 군단을 편성"하고 청년들에게 "각각 두 나라 언어를 배우게 하면 형제 나라라는 관념이 강고해질 것"이라고 제안하고 있다. 안 의사가 제안했던 선진 제도들 대부분은 오늘날 유럽연합에서 구현되어 있다.

서울 남산 중턱의 안중근 의사 기념관 앞에 서면, 100여 년 전 '풍진 시대' 속에서 전쟁과 평화, 자주독립의 본질을 꿰뚫어 본 그의 뜨거운 꿈과 숨결을 느낄 수 있다. '인약'의 나라를 벗어나 세계 10대 무역대국에 오른 우리는 어떤 비전을 아시아와 세계에 내놓고 있는가?

우리는 그저 순수하게 달콤한 평화의 꿈에 빠져 있는 것은 아닌가? 요즘 세계가 박수쳐주는 K의 모습에 취한 것은 아닐까? 혹은 그저 그때그때 불끄기에 급급한 채 살아가고 있는 것은 아닌가? 이번 삼일절에는 《동양평화론》을 다시 읽자.

4장

솔직함과 용기를 갖춘
리더를 바란다

"후보자들은 주권자를 표로 계산하는 셈을 잠시

멈추고, 삶의 두 번째 산을 올려다보아야 한다.

성공, 명예, 돈의 산이 아니라 공동체에 대한 헌신,

공감, 정의의 산이다."

후보들은 두 번째 산에
오를 수 있을까?

"시민들은 투표하는 날 하루만 자유로울 뿐이다."(루소) 대의정치에 대한 싸늘한 회의감이 처음 감돈 것은 18세기 후반 유럽에서였다. 그간 필자는 한국 민주주의의 고조되는 불안과 동요 속에서, 가급적 정치에 대한 냉소와 불신을 부채질하는 글 쓰기를 가급적 자제해왔다.

그럼에도 불구하고 공식 선거운동이 막 시작된 서울·부산 시장 재보궐 선거를 지켜보며 느끼는 감정은 실망과 환멸 사이 어디쯤이다. 2021년 한국에서 주권자인 시민들의 세계와 선출 권력의 세계 사이에는 삭막하고 광대한 사막이 가로놓여 있다.

두 개의 광고물이 단절된 시민과 정치 엘리트의 세계를 위태롭게 보여준다. 첫째는 공식 선거운동과 더불어 거리 곳곳을 도배할 선거벽보다. 벽보 속에는 이미 충분히 세속적으로 성공한 후보들이 인자한 미소를 머금고 유권자를 향해 웃고 있다.

　　그간의 흙탕물 싸움을 잊은 듯, 60세 전후의 여야 주요 후보들의 선거벽보는 화려한 도시의 꿈과 감언이설 같은 약속으로 가득하다. 이들 벽보 옆에는 세속적 성공의 경험도, 일궈놓은 재산도 없는 젊은 군소 후보들의 사진이 적막하게 걸려 있다.

　　두 번째 광고물에는 하루하루 분투하는 삶을 이어가는 사람들의 이야기가 담겨 있다. 요즘 대학 캠퍼스에는 재학 중인 후배들이 좋은 기업에 취직해 교문을 나서는 선배를 축하하며 내건 현수막이 종종 보인다. 성공한 60대 시장 후보들의 쾌활한 미소와는 달리, 거기에는 꿈을 잃은 청춘들의 때 이른 체념이 서려 있다.

　　"취업 축하해요, ○○○ 선배. 학교에서는 학점의 노예. 졸업해서는 월급의 노예."

　　학생들도 알고 필자도 안다. 사회 초년생의 월급으로는 서울에서 가장 작은 보금자리조차 꿈꾸기조차 어렵다는 것을. (LH 사태는 체념을 분노로 바꾼 사건이다.) 게다가 밀려오는 자동화 혁명 속에서 신입 사원이 중년이 되기도 전에 일자리에서 밀려날 가능성은 대략 절반에 달할 것이다.

*

문명의 격변은 두 개의 분리된 세계를 만들어내고 있다. ①일자리가 메말라가는 '노동의 종말' 세계. 로봇, 인공지능, 플랫폼은 일자리를 없애고 임금 노동자를 벼랑 끝으로 내몰고 있다. 일자리 절벽은 중앙과 지방정부의 역할이 커지는 권력 비대화로 이어진다. ②하지만 정작 선출 권력에 나서는 후보들은 여전히 더 많은 성공과 권력, 명예의 사다리를 오르는 그들만의 세계에 살고 있다. 전직 시장에서 다시 시장 후보로, 4선 국회의원을 거쳐 시장후보로, 이들은 끝없이 '성공의 산'을 오를 뿐이다.

후보자들은 주권자를 표로 계산하는 셈을 잠시 멈추고, 삶의 두 번째 산을 올려다보아야 한다. 성공, 명예, 돈의 산이 아니라 공동체에 대한 헌신, 공감, 정의의 산이다.[*]

더 높은 명예와 권력을 향한 의지만으로는 지방정부의 비효율과 무감각을 개혁하기 어렵다. 권력과 명예라는 낡은 잣대로는 비대해진 몸집 곳곳에 기름이 끼어 동맥경화에 빠진 광역 지자체의 문제를 고칠 수 없다.

---

* 데이비드 브룩스 저, 이경식 역, 《두 번째 산》, 부키, 2020년 9월 24일.

①일자리와 임금, 그리고 삶의 위기를 구체적으로 살펴보자. 100년 전 서울 강남 지역에서 누에를 치고 농사를 짓던 농민들이 다 사라졌듯이, 지금의 사무직, 전문직, 블루칼라 일자리의 상당 부분도 10~20년 안에 사라질 것이다. 일자리가 메말라가는 세상의 단면은 숫자가 말해준다.

서울시의 지난 해 4분기 청년(15~29세) 실업률은 9.1%. 10년 전보다 1.5% 상승했다. 2019년 서울에서 결혼한 이들은 23만 2454쌍(2015년에는 29만 1341쌍), 이들의 주택 소유 비율은 37.3%. 그해 출생률은 0.67(통계청). 2019년 서울시 65세 이상의 자살 비율은 인구 10만 명당 37명.

②일자리가 말라버린 미래에는 대다수 시민들의 소득, 교육, 여가를 국가 권력이 책임지는 세상으로 변해갈 것이다. 보수도, 진보도 거대 정부로 가는 흐름을 멈춰 세우기는 어렵다. 문제는 비대해지는 중앙정부와 지방정부를 누가 투명하고 공정하게 운영할 수 있느냐로 귀착된다.

투명성과 공정함은 능력의 문제가 아니다. 삶을 바라보는 태도의 문제다. 필자는 어느 시장 후보가 인생의 첫 번째 산을 넘어 두 번째 산에 오르고자 하는지를 주목하려 한다.

우리는 종종 인생의 두 번째 산을 오르는 이들을 만난다. 평생 모은 수백억 원을 사회에 기부한 이들의 눈빛에서 승부욕이나 사다리를 오르려는 집요함은 찾아볼 수 없다. 높은 지위에서 내려와 시골 아이들을 가르치는 이들의 눈빛은 나누는 이의 기쁨과 헌신하는 삶의 깊은 희열로 반짝인다.

　권력, 명예, 돈의 사다리를 오르는 데만 혈안이 된 이들이 권력을 장악하는 한, 공공부문의 부패는 멈추지 않을 것이다. 비대하고 둔탁해진 공공부문과 앙상하게 말라가는 납세자들의 삶은 오래 공존할 수 없다. 18세기 루소의 외침 이후 구체제가 송두리째 무너지는 데는 그리 오랜 시간이 걸리지 않았다.

전두엽 건강을 지키자

　새해 아침이 밝았지만 여전히 사방은 캄캄하다. 희망을 품어야 하는 연초이건만 선동과 편 가르기, 헛된 몸싸움으로 세상은 어지럽다. 위기의 출구가 보이지 않는다. 지난 한 달간 위기의 진단과 해법이 쏟아졌지만 지금은 사회 이론의 시간이 아니다. 학자들은 대통령제의 폭주, 정당정치와 팬덤 정치의 타락을 경고해왔지만, 사회과학이 현실에서 체제 위기를 막는 데 크게 기여한 바는 없다. 비슷하게, 알량한 법률 지식은 지금의 헌정 위기를 심지어 더욱 부추기고 있다. 공수처, 여당과 야당, 대통령 변호인단의 어지러운 밀고 당기기를 보라.

법과 정치, 제도 이전에 우리의 정신적 자세부터 돌아볼 때다. 위기의 뿌리를 찾는 일이나 해법을 모색하는 일은 근래의 정신적 위기를 살피는 데에서부터 출발해야 한다. 12·3 헌정 위기의 기저에는 스마트폰 중독에서 비롯된 정신활동의 위기가 자리 잡고 있다.

스마트폰 특히 유튜브 중독(한국인 스마트폰 사용 시간의 3분의 1이 유튜브 시청 시간이다.)은 정신활동의 핵심인 전두엽 기능을 저하시킨다. 한국인들의 스마트폰 사용 시간은 하루 평균 210분으로, 세계 평균 165분보다 무려 25% 가량 높다(2023년 기준). 유튜브 중독에 따른 전두엽 위축은 두 가지 문제를 낳는다. 첫째, 복잡한 상황을 이해하고 문제 해결을 모색하는 사고 능력의 퇴보. 둘째, 분노와 불안, 우울 등의 감정을 통제하는 능력의 퇴보.

필자는 12·3 헌정 위기의 격발과 뒤이은 극단 세력의 준동에는 '전두엽의 위기'가 작용하고 있다고 본다. 12월 3일 밤의 계엄령은 민주사회의 복잡하고도 무한한 인내를 요하는 문제 해결 과정을 통째로 뒤엎으려는 극단적 선택이었다. 놀랍게도 여당 외곽의 극단 세력은 이를 두둔하고 있는데, 이는 전두엽이 담당해야 할 문제 해결 능력을 포기한 것이자 상대 진영에 대한 분노 조절에 실패한 결과다.

12월 4일 새벽 계엄 해제를 주도하며 명분을 거머쥔 거대 야당과 그 극렬 지지자들에게도 전두엽 위축의 징후가 농후하기는 마찬가지다. 2024년 4월 총선 이후 여야 간 대화가 실종되고 극한의 대치가 이어져온 것은 거대 야당의 문제 해결 능력 또한 고장 났음을 가리킨다.

*

유튜브와 전두엽, 그리고 민주주의의 위기를 살펴보자. 플라톤 이래로 민주주의의 타락을 경계해온 이들은 민주주의의 성패가 정치 주체인 시민들의 덕성과 품성에 달려 있다고 보았다. 이 지점에서 오늘날 스마트폰 중독이 초래할 섬뜩한 귀결에 경종을 울린 인물이 있으니 바로 니콜라스 카다. 카는 스마트폰을 많이 사용하고 온라인 정보에 탐닉할수록 전두엽 기능이 약화한다고 역설한다.

스마트폰 중독자들은 쉴 새 없이 쏟아지는 정보로 인해 뇌에 과부하가 걸린다. 그 결과 온라인에서 자극적인 내용을 찾아 여기저기 옮겨 다니는 뇌의 뉴런은 활성화되는 반면, 숙고하고 사색하고 하나의 주제에 집중하는 전두엽의 뉴런들은 활력을 잃게 된다는 것이다. 결국 스마트폰과 유튜브에 절여진 뇌는 피상적 사고에 갇힌 채 점차 충동적으로 변해간다.

노화를 연구하는 학자들도 과도한 유튜브 시청이 전두엽의 활동을 약화한다고 경고한다. 쇼츠 등의 자극적인 영상은 일종의 쾌락 호르몬인 도파민의 급격한 분비를 유도한다. 문제는 도파민 수치가 늘었다 줄어드는 과정이 반복되면서 뇌에 가해지는 스트레스가 결국 전두엽의 위축으로 이어진다는 점이다. 실제로 우리는 지인들과의 모임에서도 유튜브에서 본 단편적 정보를 되새김질하다가, 상대의 호응을 얻지 못하면 불현듯 화를 내는 이들을 종종 마주하게 된다.

*

그렇다면 어떻게 전두엽을 되살릴 수 있을까? 어떻게 유튜브로부터 뇌를 보호하고 문제 해결 능력과 감정 조절 능력을 회복할 것인가? 그동안 일주일에 하루 스마트폰 끄기, 휴가 때 스마트폰 끄기 등 다양한 방안들이 제시됐다.

필자가 강조하는 방안은 생경하게 들리겠지만, 갓난아기를 정성으로 키우는 부모들의 태도에서 실마리를 찾아보자는 것이다. 어려서부터 스마트폰 영상에 노출된 아기들의 두뇌 발달이 더디고 타인과의 정서 교감이 뒤처진다는 사실은 잘 알려져 있다. 반면, 자주 눈을 마주치고 대화하며 자란 아이들은 안정된 정서와 교감 능력, 즉 전두엽 기능이 고루 발달할 가능성이 훨씬 크다.

우리가 할 일은 공동체 시민으로서의 첫걸음을 마치 어린아이처럼 다시 연습해야 하는 것이 아닐까. 호기심 가득한 어린아이처럼 상대방 얘기에 귀 기울이는 연습을 해보자. 더 많이 듣고 말은 덜 하는 습관을 가져보자. 충동적인 폭력에 저항하고 온정을 실천함으로써 귀감이 된 마하트마 간디와 넬슨 만델라가 어린아이 같은 표정을 지녔던 것은 우연이 아니다.

민주주의의 건강은 시민들의 전두엽 건강에 달려 있다. 새해에는 스마트폰을 줄이고 간디와 만델라의 미소를 지어보자. 전두엽이 건강해야만 우리는 민주주의를 위협하는 분노와 충동, 극단주의를 제어할 수 있다.

차라리 AI 후보에게 투표하고 싶다

　비관적 반응들이 먼저 제기될 수 있다. AI는 언젠가 인간의 자율성을 위협할 존재가 아닌가? AI가 정치에 도입된다면, 민주정치보다는 감시와 통제에 활용되지 않을까? 다른 한편으로는 갑갑한 정치 현실로부터의 탈출을 꿈꾸는, 헛헛한 공상으로 읽힐 수도 있겠다.

　여러 우려에도 불구하고 필자가 AI 정치인의 가능성을 논해보려는 데에는 절박한 이유가 있다. 첫째, 선거철 한국의 정당은 까마득한 절벽으로 추락하고 있다. 권력 다툼을 위해서 온갖 반칙, 위법, 떼법을 총동원하는 아수라장이 매일매일 펼쳐지고 있다. 무언가 파괴적 혁신이 없이는 정치의 타락은 스스로 멈추지 않을 것이다. 둘째, 챗GPT, 제미나이, 코파일럿 등이 보여주듯 AI의 발전은 근대 산업혁명 이후 인류 삶의 가장 큰 변화로 이어지고 있다. 일자리, 돌봄, 여가, 전쟁 등 모든 분야에서 근본적인 변화가 오는 중이다. 그런데 우리에게 익숙한 현대의 선거-정당정치가 18~19세기 산업혁명 시기에 등장한 '근대적 개인'들의 산물이라는 점을 돌아본다면, AI 혁명이 가져올 인간 존재의 재설정은, 선거-정당정치의 본질적 변화로 이어지는 것이 오히려 자연스러울 수 있다. 18세기 부르주아들이 열었던 '그들만의 민주주의'가 200여 년 만에 '모든 사람의 민주주의'로 진화했듯이, AI 혁명이 민주주의를 상상 너머의 세계로 끌어올릴 가능성도 꿈꿔볼 만하다.

*

#1. 숱하게 지적되었지만, 4월 총선을 앞두고 벌어지는 우리 정당들의 자멸적 행태부터 간단히 돌아보자. 이미 여러 비판들이 제기되고 있지만, 필자는 우리 정당정치의 타락을 주도하는 주체가 정당을 장악한 포퓰리스트들과 이들을 열성적으로 뒷받침하는 정치 훌리건들이라고 본다.

포퓰리스트들은 여러 얼굴을 갖고 있지만, 공통적인 특성은 민주정치의 제도와 절차, 그리고 법치를 한없이 가볍게 여긴다는 점이다. 사례는 차고 넘친다. 2024년 총선 지역구 획정의 법정 기한은 2023년 3월이었다. 그러나 다수당인 민주당은 2024년에 들어서야 비로소 준연동형 선거

구제를 유지하기로 결정했고, 여야 정당들은 그제야 지역구 획정을 마무리 지었다. 누더기가 된 공천 과정, 위성정당 급조, 선거 이후에 예정된 원대 복귀 등은 제도와 절차가 이미 파산 지경임을 보여준다.

문제는 이러한 추락을 멈출 세력이 보이지 않는다는 점이다. 시민들은 파당적 훌리건으로 전락하거나 무심한 방관자, 혹은 냉담자의 길을 선택하고 있다. 결국 관습적 사고를 넘어서는 혁신, 즉 파괴적 혁신만이 추락을 멈출 수 있다.

*

#2. 산업혁명을 이룩하고 근대 민주주의의 외양을 갖추기 시작한 18세기 영국인들에게 보통선거권은 꿈처럼 느껴졌을 것이다. 마찬가지로 오늘날 'AI 정치인', 즉 유권자와의 의사소통 및 정책 결정 과정 등에 데이터 연산 결과를 활용하는 AI와 인간 정치인이 결합한 'AI-휴먼 정치인'의 등장은 신기루처럼 들릴 수 있다.

허황한 얘기처럼 들리겠지만, 혁신 국가들은 이미 AI 정치 실험에 나서고 있다. 뉴질랜드는 2022년 최초의 인공지능 정치인 '샘'을 공개햇다. 샘은 방대한 역사 자료와 최근 현안들에 대한 시민들의 의견들, 공공정보, 뉴스 등을 거대언어모델LLM에 기반하여 취합한다. 이를 바탕으로 시민들의 질문에 상시 답변하고, 정책 결정자들의 판단에 기초 자료를 제공한다는 계획을 밝힌 바 있다.

숱한 난관이 있겠지만, AI-휴먼 정치인을 통해 적어도 두 가지의 혁신을 기대할 수 있다고 믿는다. 첫째, 감정과 편견, 증오에 사로잡힌 현대 정치의 종말. AI에게는 감정이 없다. 상대에 대한 적개심도, 우리 편에 대한 광적인 집착도 없다. 상대편을 향한 분노와 모욕으로 뒤범벅된 우리 정치에 AI의 무감정이 도입된다면, 역설적으로 정치의 정화와 이성의 회복이 가능하지 않을까? 이를 'AI 시대 정치 이성의 재규정'이라고 불러도 좋으리라.

둘째, AI-휴먼 정치인에게 대한민국 헌법, 3·1 독립선언문, 그리고 동서양의 정치학 고전들을 학습시키고 이를 모든 정책 결정의 기반으로 삼게 한다. AI 에이전트가 모든 결정을 기계적으로 헌법정신에 종속시키도록 설계된다면, 법치에 대한 조롱이나 오남용은 줄어들지 않을까?

*

정리하자면, 18세기 산업혁명으로 기계가 보급될 당시 사람들은 (수공업) 노동의 종말이라는 두려움에 휩싸였다. 하지만 우리 인류는 기계를 다루고 통제하는 '호모 테크니쿠스'의 역량을 발휘하며 오늘의 경제적 번영과 보편 민주주의를 일구어냈다.

AI가 주도하는 제2의 기계 시대 역시 많은 두려움을 자아내고 있지만, AI와 협력하고 이를 훈련하는 흐름은 이미 빅테크 사무실, 의약 실험실, 첨단 스마트 팩토리 등 곳곳에서 진행 중이다. 마찬가지로 AI 정치인은 단순한 현실 도피용 공상이 아니다. 지금의 여야 후보들보다는 차라리 나는 AI 후보에게 투표하고 싶다.

대인플레 시대,
공감의 정치는 어디에?

요즘 무대 위 움직임이 현란하다. 이낙연 신당과 제3지대 신당으로 고조되던 분위기는 한동훈 비대위원장의 깜짝 등장으로 정점을 찍고 있다. 새로운 기대감과 절박감, 위기감이 연쇄 반응을 일으키는 중이다. 이제 승부는 팽팽해졌고 뉴스라인은 선거 드라마가 장악했다.

드라마의 열기 속에서 필자가 오늘 독자들과 생각해보려는 질문은 이렇다. 정치 드라마는 과연 선거 표심을 얼마나 움직일까? 숫자에 어두운 정치학자들이 가끔 쓰는 계산식 가운데 고통지수misery index가 있다. 물가상승률과 실업률을 합한 수치인데, 이 고통지수가 지난해보다 높아지면 집권 여당은 승리하기 어렵다는 것이 미국 정치학자들의 주장이다. 실제로 내년(2024년) 11월 미국 대선에서 바이든 대통령의 재선 전망이 어두운 결정적 이유는 고삐 풀린 높은 물가 때문이다.

여야 정당들의 긴박한 드라마가 수면 위 파도라면, 그 파도를 움직이고 민심을 좌우하는 저류는 시민들 삶을 위협하는 생활 인플레이션다. 단순히 인플레가 높으니 여당 책임이라는 도식을 말하려는 것이 아니다. 그보다는 다음을 짚어보고자 한다. ①인플레 수치와 싸우는 것 못지않게 중요한 것은 인플레의 원인을 설명하고 시민의 고통에 공감하는 리더의 내러티브다. 이 점에서 윤석열 정부는 전면적인 정비가 필요하다. ②정부와 여당이 물가 관리에 힘을 쏟고는 있지만, 그 접근 방식이 구태의연하다. ③시민들의 고통에 공감하는 내러티브가 구축된다면 총선 결과는 아직 알 수 없다.

*

첫째, 내러티브의 문제. 오늘날 인플레는 글로벌 현상이자 지정학의 격변에서 비롯된 구조적 도전이다. 개별 국가의 노력만으로 인플레를 잡기란 쉽지 않은 것이 현실이다. 사정이 그러하다면 인플레에 대처하는 내러티브부터 바뀌어야 한다. 그 핵심은 두 가지다. 하나는 인플레가 생각보다 오래갈 것이며, 전 세계가 고통과 눈물의 대인플레 시대에 접어들었음을 솔직하게 고백하는 것이다. 다른 하나는 인플레 시대를 견디는 시민들의 고통을 함께 아파하며 검소와 절제를 몸소 실천하는 리더의 공감 내러티브다.

먼저 구조적인 인플레. 중국이 G2로 부상하던 지난 20여 년이 디플레의 시대였다면, 앞으로의 20년은 대인플레이션의 시대다. 중국의 풍부한 저임금 노동과 저렴한 상품이 세계에 낮은 물가를 선사하던 시대는 끝났다. 세계는 양 진영으로 재편 중이며, '탈중국'은 곧 중국발 디플레의 종언을 뜻한다. 지정학적 불안 또한 에너지와 식량의 이동거리를 늘리고 있으며, 이는 고물가를 유발하는 또 다른 구조적 요인이다.

내러티브의 또 다른 축은 공감이다. 윤 대통령은 한편으론 인공지능, 로봇, 양자 혁명이 주도하는 미래 비전을 말할 수 있다. 동시에 보통 시민들의 고통에 공감하는 언어를 구사해야 한다. 한번 오른 물가를 되돌리기는 어렵다. 무려 2,200조 원에 달하는 가계부채(GDP 대비 가계부채 비율 세계 1위)를 짊어진 서민들에게 저금리 시대가 쉽게 돌아오지 않는다는 엄혹한 사실을 솔직하게 알리고 함께 아파해야 한다.

시민들 삶에 공감하는 내러티브는 대통령과 주변의 라이프스타일 변화에서 시작되어야 한다. 관저의 실내 온도를 낮추고 두꺼운 스웨터를 입은 채 생활하는 대통령 부부의 모습은, 고물가에 얼어붙은 민심을 조금이나마 녹일 수 있다.

*

둘째, 인플레에 대응하는 정부의 접근 방식을 근원적으로 재검토해야 한다. 물론 긍정적 신호도 있다. 내년 예산안에서 확인되듯, 윤 대통령은 '긴축 재정'이라는 칼을 빼들었다. 온갖 정치적 압박에도 굴하지 않고 정부 예산에 허리띠를 졸라매는 결단을 내린 점은 높이 평가할 만하다. 문제는 정부 지출을 줄이는 것만으로는 얼어붙은 민심을 감동시키기에 역부족이라는 점이다.

세부적인 인플레 대응책으로 넘어가 보면 답답함은 더 커진다. 얼마 전 경제부총리는 라면 제조사들을 향해 가격 인하를 공개적으로 압박하고 나섰다. 이러한 공개압박은 주류 업계와 밀가루 제분업계로까지 이어지고 있다. 어디선가 많이 본 풍경 아닌가? 30~40년 전 '발전국가' 시대에나 통용되던 정부의 가격 통제 방식은 오늘날 한국의 현실과는 전혀 어울리지 않는다. 이제는 식료품의 수입과 유통, 제조, 원재료 수급에 이르는 복잡다단한 과정을 섬세하게 들여다보며 구조적 합리화를 꾀해야 할 때가 아닌가?

요약하자면, 결국 내년 봄 표심을 움직이는 힘은 정치 드라마보다는 '먹고사니즘'의 결정체인 인플레다. 지난 대선에서도 온갖 드라마가 연출되었지만, 정작 유권자들이 꼽은 가장 중요한 투표 요인은 부동산 가격 폭등이었다. 외부에서 구조적으로 닥쳐오는 인플레의 불길을 잡기 어려운 건 사실이다. 그래도 민심을 달래는 길은 열려 있다. 리더는 진솔한 태도와 위로의 말로 성난 민심을 움직인다는 것을 역사는 기록해왔다.

초대통령제 해소가 관건이다

　선거는 민주주의라는 변덕스런 정치가 정기적으로 키를 잡는 방향타이다. 유권자들은 5년마다 과거의 선택을 곱씹으며 공동체의 항로를 재설정해왔다. 선거는 또한 민주주의라는 백화제방百花齊放하는 사회의 요구를 담아내는 용광로이기도 하다. 저마다 절실한 수십, 수백 가지의 요구와 희망, 제안들은 후보들 몇 사람의 공약집 속으로 녹아든다.

　정치 시계가 대통령을 중심으로 돌아가는 우리 사회인 만큼, 막이 오른 대선 무대에는 온갖 고민과 걱정거리가 쏟아지고 있다. 기본소득 논쟁과 중산층 경제, 지속가능 경제라는 공약부터 공정과 상식이라는 추상적 원칙에 이르기까지.

화려한 약속과 정책의 홍수 속에서, 필자는 앞으로 8개월간 '초대통령제 해소'라는 관점에서 지켜보려 한다. 흔히 제왕적 대통령제라는 말이 있지만, 지난 10여 년간 한국 대통령제는 제왕을 넘어 슈퍼맨이 이끄는 초대통령제로 진화해왔다. 대통령은 국회와 사법부 위에 군림하는 초월적 권력으로 변신했고, 어느덧 시민 자유의 범위와 '정치적 올바름'까지 규정하는 철인왕으로 올라섰다.

　　이에 대해 세 가지를 살펴보자. 첫째, 우리는 어쩌다 세계적 흐름이 된 초대통령제의 길에 들어서게 됐을까? 둘째, 거대한 권력에도 불구하고 초대통령은 왜 당면한 문제들을 해결하지 못하는가? 셋째, 이번 선거에서 우리는 초대통령의 등장을 막을 수 있을까?

*

　　먼저 초대통령제의 세계적 흐름부터 짚어보자. 최초의 대통령제 국가인 미국의 정치학자들은 꽤 오래 전부터 대통령제 정부에서 가장 위험하고 파괴적인dangerous and disruptive 존재로 대통령을 지목해왔다. 모든 정치 체제는 권력을 한곳으로 모으려는 구심력과 이에 저항하는 원심력 사이의 줄다리기 속에 놓여 있다. 대통령제 정부에서 권력 집중의 중심에는 늘 대통령이 있다는 것이다.

최근 미국의 대통령들은 의회의 고유 권한인 입법 권력을 우회하는 데 전념해왔다. 의원들과 끝없는 협상을 벌여야 하는 입법 절차 대신에, 트럼프나 바이든 대통령 모두 법을 대체하는 대통령 행정명령executive order을 남발해왔다. 트럼프는 임기 4년간 그 악명 높은 '여행 금지령'을 포함해 총 220건의 행정명령을 발령했다. 바이든의 속도는 더 빠르다. 임기 6개월 만에 51건의 행정명령을 쏟아냈다. (2021년 7월 기준)

　　입법부와 사법부의 머리 위에 올라탄 초대통령제(내각제 국가에서는 '초수상제')는 중유럽과 남미에서 훨씬 노골적이고 위험하게 전개되고 있다. 폴란드의 카친스키나 헝가리의 오르반 등이 즐겨 쓴 수법은 이를테면, 법관의 정년퇴임 연령을 갑자기 70세에서 62세로 낮춘 뒤, 그 빈 자리를 정권에 우호적인 법관들로 채우는 식이다.

　　정치학자 박상훈은 저서 《청와대 정부》에서 한국의 초대통령제 현상을 세밀하게 분석했다. 보수와 진보 정부를 가릴 것 없이 청와대 조직과 예산은 꾸준히 늘어났고, 이것이 초대통령제의 기반이 되었다는 지적이다. 특히 주목할 지점은 대통령이 국회와 정당을 대하는 방식이다. 전임 대통령은 탄핵으로 물러나기 전까지 야당뿐만 아니라 여당 내 반대파까지 철저히 외면하며 독주를 이어갔다. 저자는 이러한 양상이 지금까지도 이어지고 있다고 진단한다. 대통령의 참모가 여당 의원들에게 '개혁입법'을 주문하고 독려하는 풍경은 입법부를 하부 기관으로 거느린 초대통령제의 단면이나 다름없다.

둘째, 모든 정책 결정이 대통령 한 사람에게 집중되는 초대통령제는 오늘날 우리가 마주한 복합적인 현안들을 풀어가기에 부적합하다. 민주주의 체제의 결정적 특징은 사회가 안고 있는 모든 문제가 수면 위로 드러나는 '솔직한 체제'라는 점이다. 자유롭고 솔직하게 제기되는 방대한 이슈들을 대통령과 50~60대 남성 중심의 참모들이 해결해보겠다고 씨름하는 것은, 낡은 계산기 한 대를 들고 21세기 우주개발 계획을 세우려는 것과 같다고나 할까?

셋째, 초대통령제라는 위태로운 흐름을 멈춰 세우기 위해 필자는 후보의 정책보다 성품에 주목할 것이다. 내년 3월까지 쏟아질 달콤한 약속들은 실상 우리를 배신할 운명을 타고난 것들이다. 5천만 국민이 각자의 목소리를 내며 살아가는 거대 사회에서, 정책 하나로 삶의 기적을 일구기란 쉽지 않다. 우리는 그저 설익은 정책들이 삶을 흔들거나 혼돈 속에 빠뜨리지 않는다면 그것으로 안도할 따름이다.

정책과 달리 성품은 후보자 자신은 물론 유권자를 속이기 어렵다. 후보는 마음을 열고 두루 듣는 자세를 지녔는지? 민주정치의 일상사인, 언짢은 이견을 계속 수용할 참을성과 도량을 갖췄는지? 단임 대통령이 대한민국의 모든 문제를 결코 풀 수 없다는 겸손함을 체득했는지?

당선인의 상시 캠페인 통치

　아름다운 허니문이 이어지리라고 기대하지는 않았다. 부족전쟁처럼 치러진 선거 이후, 정치적 휴전이 얼마나 지속될지가 관심거리였다. 역시나 거대 야당은 압도적인 프레이밍 능력을 앞세워 당선인과 대립 국면을 형성했다. 신구 정부 간에 수렴형 이슈가 될 것으로 보였던 대통령 집무실 이전 문제는, 선거 이후 여야의 첫 대치선으로 굳어졌다.

　민주화 이후 종종 목격해온 '여소야대 무한교착'의 익숙한 풍경이다. 과거의 사례를 떠올려보자. 국가 부도 위기라는 전대미문의 금융위기 속에서 출발한 김대중 대통령 역시 여소야대 정국을 헤쳐 나가느라 갖은 어려움을 겪었다. 당시는 이념과 지역 갈등을 넘어 '금 모으기 운동'에 뜨겁게 동참하던 순수의 시대였음에도 정치는 냉혹했다. 임기 초반 탄핵 소추까지 몰린 노무현 대통령의 경우는 더욱 극단적인 사례였다.

여소야대 하의 무한 교착이 우리 정치의 상수라면, 윤석열 당선인은 어떤 선택을 할 수 있을까? 한편에는 당선인이 포용과 통합에 나설 것을 주문하는 규범적 시각이 있다. 다른 한편, 특히 새 권력의 써클 안에는 초반부터 어정쩡하게 타협하다가 아무 일도 못 할 거라는 경계감이 도사리고 있다.

*

필자는 당선인이 규범론과 경계론 사이에서, '상시 캠페인' 통치의 길을 가지 않을까 짐작해본다. 여소야대가 일상인 미국의 정치학자들이 대통령들의 행보를 관찰하며 정립한 개념이 바로 '상시 캠페인 통치'다.

거대 야당을 상대하는 대통령이 임기가 시작된 이후에도 선거 캠페인을 하듯 국정을 운영하게 된다는 뜻이다. 대통령은 끊임없이 지지율 관리에 몰두해야 하며 수시로 '시민들에게 직접 다가가기Going to the Public'를 통치의 주된 전략으로 삼게 된다는 것이다.

두 가지 초점을 생각해보자. ①여소야대 교착 국면에서는 대통령의 정치적 자산의 크기가 결정적으로 작용한다. 당선인은 임기 초반이라는 '시간의 힘'과 이슈 주도력이라는 자산을 갖고 있지만, 이러한 자산은 영원하지 않다. 모든 자산을 떠받치는 지지대는 시민들의 지지율이다. 따라서 대통령은 시시각각 지지율을 의식하며 행동하던 선거캠페인 시기와 다름없는 통치전략에 집중하게 된다.

*

②지지율 관리 정치에서 주목할 점은 수도권 젊은 시민들의 움직임이다. 모든 한 표가 존엄하고 동등하지만, 윤 당선인은 보수 후보로서는 이례적으로 서울에서 승리했고, 선거과정에서 청년층의 온라인 이슈 몰이의 덕을 적지 않게 보았다.

관건은 수도권 청년층이 새 정부의 첫 번째 현안인 '대통령 집무실 이전'에 무관심하거나 비판적이라는 점이다. 최근 여론 조사에서 20대의 약 60%가 반대하는 것으로 나타났다. 무슨 일이 벌어지고 있는가?

먼저 지지율 정치와 '직접 다가가기' 전략을 살펴보자. 윤석열 당선인은 지난 일요일 오전 용산 지역 조감도를 펼쳐놓고 한 시간 가까이 직접 설명하며 질의응답에 임했다. 지난 10여 년간 역대 대통령들의 행보와는 사뭇 다른 방식이었다.

　은둔하기보다 보통 사람들과 어울림을 선호하는 당선인의 성향이 드러난 장면이었다. 이는 오바마 대통령이 거대 야당의 완강한 반대에 부딪혀 트레이드 마크인 의료보험 개혁 정책이 표류하자, 미국 전역을 돌며 시민들을 직접 만나는 타운홀 미팅으로 여론의 반전을 꾀하던 모습을 연상시킨다.

　그럼에도 불구하고 당선인이 선보인 '직접 다가가기'의 성적표는 아직 불투명하다. 한편에는 오랜만에 소통의 의지를 가진 리더가 등장했다며 박수를 보내는 지지자들이 있지만, 다른 한편에는 여전히 준비와 소통이 부족하다고 꼬집는 비판자들이 맞서고 있다. 당선인은 자신의 귀중한 정치적 자산 일부를 투입했으나, 아직 여론의 극적인 반전은 일어나지 않고 있다.

*

　이는 두 번째 초점인 수도권 청년층의 여론 추이와 직결된다. 윤 당선인에게 투표했던 청년들 중에서도 대통령 집무실 이전에 시큰둥한 유권자가 상당하다. 이유는 두 가지다. 우선 이들의 눈에는 집무실 이전보다 급하고 중요한 현안들이 산적해 있다. 코로나 3년 동안 피폐해진 자영업자들에 대한 경제적 지원과 정서적 보살핌, 청년 일자리

창출 등이 이들에게는 더 절박한 과제다. 또한 청년 시민들이 기대하는 민주적 소통이란 '섬세하고 끈질기며 상대를 충분히 배려하는 대화'다. 이 점에서 청년들은 집무실 이전 이슈가 더욱 섬세하게 다뤄지길 기대하고 있다.

요약해보자. ①여야 교착이 상수가 된 정치 지형 속에서 지지율은 대통령 통치의 핵심 동력이다. ②당선인이 지지율 제고를 위해 민심의 바다로 뛰어들 때에는 유한한 정치 자산이 함께 소모된다. ③따라서 절실한 경우나 투입 효과가 분명한 지점에 한해 아껴 써야 한다. ④지난해 보궐선거 이후 판세를 좌우하는 '스윙 보터'로 부상한 청년 유권자들의 소통 눈높이는 높다. ⑤배려와 기다림, 상호성이 전제된 대화가 이들이 기대하는 소통이다.

스트롱맨 후보들과 좁은 문

국민의힘 대선후보가 결정되면 내년 3월 대선의 주요 구도는 스트롱맨 후보들 간의 대결로 압축된다. 참으로 대조적인길을 걸어왔지만, 여야 1, 2번 대선후보들은 서로 닮은 점이 없지 않다. 후보들의 캐릭터와 대표 공약, 지지자들의 기대를 들여다보면, 바야흐로 한국 정치에 스트롱맨 시대가 도래했다고 말할 수 있다. 부드러운 덕장의 이미지보다는 강렬한 투사의 이미지가 이들을 대선 무대의 주연으로 끌어올렸다. 실제 이들의 슬로건 역시 저는 "합니다"와 "정권 교체하겠습니다"로 요약된다.

스트롱맨 리더십은 전 세계적인 현상이다. 미국의 트럼프는 잠시 밀려나 있지만(편집자 주: 2024년 11월 두 번째 임기를 시작했다.) 중국의 시진핑 주석과 러시아의 푸틴 대통령은 명실상부한 스트롱맨 리더들이다. 민주주의 진영에서도 스트롱맨 바람은 거세다. 세계 최대 민주국가인 인도는 민주선거로 선출된 전형적인 스트롱맨, 나렌드라 모디가 8년째 이끌고 있다.

지구촌 곳곳에서 스트롱맨들이 등장하고 우리 역시 이러한 흐름에 합류하는 것은 결코 우연이 아니다. 여기에는 두 가지 논점이 있다. 첫째는 원인. 스트롱맨 현상은 고단한 삶에 대한 피로감과 무능한 정치에 대한 불신이 맞물려 만들어진 태풍이다. 삶의 주변부로 내몰린 이들의 박탈감과 정치의 파탄이 '강한 리더'를 소환하고 있다.

둘째는 스트롱맨 리더의 역설적인 과제. 강한 리더는 미래로 나아가는 엔진의 한 축에 지나지 않는다. 뻣뻣한 나무가 태풍에 먼저 부러지듯, 강한 리더십만으로는 국가의 안정과 지속 가능성을 담보할 수 없다. 권력을 견제할 수 있는 역량 있는 사회(자율적인 시민사회와 언론)가 반드시 함께 기를 펴야만 한다. 과연 여야의 스트롱맨 후보들은 강한 정부와 강한 사회가 함께 통과해야 할 '좁은 문', 즉 삶의 질을 제대로 누리는 소수의 나라들만이 통과했다는 그 좁은 문으로 우리를 인도할 수 있을까.

먼저 스트롱맨 시대의 배경부터 살펴보자. 우리는 그 이유를 이미 충분히 들어왔다. 경제 양극화와 빈곤층의 증가, 소셜미디어로 증폭된 정치적 양극화, 청년 실업의 폭발과 청년들의 좌절, 그리고 이민자들을 포함한 소수자들에 대한 적대감. 봉준호 감독의 영화 〈기생충〉이나 최근의 〈오징어 게임〉이 세계인의 공감을 얻은 이유 역시 양극화된 사회의 허무와 좌절을 포착해냈기 때문이다.

결국 사람들이 의지할 곳은 정부와 정치의 역할이지만, 사람들은 이들로부터 꾸준히 배신당해왔다. 정부는 교육, 주거, 실업해소, 청년고용에 수백 조원의 돈을 쏟아붓고 있지만, 사람들의 삶은 나아지기는커녕 나빠져왔다. 사람들은 안다. 복잡한 이론을 빌리지 않더라도, 그 많은 돈이 관료제의 미로와 경직되고 폐쇄적인 시스템 속에서 길을 잃는다는 사실을.

정부를 감독하고 이끌어야 할 정치권 역시 국민들을 배신해왔다. 여야의 무한 대립, 다수파의 이념 실험이 이어지는 사이, 가난을 구제하고 일자리를 창출해야 할 정부 정책은 덩치만 커졌을 뿐 정작 민생의 현장에는 어떠한 온기도 전하지 못하고 있다.

결국 켜켜이 쌓인 허무와 분노가 스트롱맨 후보들을 불러낸 셈이다. 기존에 정부가 일하는 방식과 정치가 움직이는 방식으로는 아무 것도 변하지 않는다는 불신이 사람들로 하여금 스트롱맨 후보들의 쾌도난마快刀亂麻를 응원하고 있다. 복잡한 절차에 매몰되기보다 당장 가시적인 성과를 내놓겠다는 여당 후보의 공언은 적지 않게 메아리친다. 기존의 상식과 법 규범을 넘어서라도 폭주하는 부동산과 자영업 위기를 잡겠다는 약속은 벼랑 끝에 선 이들의 마음을 흔든다.

야권의 스트롱맨 후보 역시 묵은 문제들을 속 시원히 정리해주길 바라는 지지자들의 열망 속에 부상했다. 정부가 추진해온 최저임금, 에너지 전환 정책 부동산 정책 및 사법 개혁 등이 야기한 혼란과 불안을 단칼에 정리했으면 하는 것이 야권 지지자들의 마음일 것이다.

*

결국 여야의 열성 지지자들이 스트롱맨 후보들에게 기대하는 핵심은 거대한 권력의 망치로 작금의 무질서와 좌절을 깨부수는 것이다. 여당 후보에게 바라는 것이 기울어진 운동장을 평평하게 만드는 '평준화의 망치'라면, 야당 후보에게 기대하는 것은 '질서 회복의 망치'일 것이다.

어느 후보가 승리하든 우리는 스트롱맨 대통령과 5년을 함께하게 된다. 당파적 지지자들은 강한 대통령, 강한 정치에 열광하겠지만, 강한 정치는 반쪽짜리 정치에 불과하다. 분명한 목표와 집요한 실행력은 일견 혼란스러워 보이는 민주정치에 질서를 부여할 수는 있다. 하지만 강한 리더가 언론과 시민의 견제를 수용하지 않는다면 그 리더십은 반쪽짜리 이야기에 그치고 만다. 학자들은 국가의 장기적인 번영과 안정은 강한 정치와 강한 사회가 공존하는 좁은 문을 통과해야만 가능하다는 사실을 밝혀왔다. 이제 우리는 스트롱맨들과 함께 그 좁은 문 앞에 서게 되었다.

바이든, 노련하고 복잡한 낙관주의자

쓰디쓴 교훈을 남긴 채 트럼프의 광풍이 휩쓸고 간 시대는 막을 내렸다. 비싼 대가를 치르고 남은 교훈은, 대통령제 민주주의의 성패는 결국 대통령 한 사람의 자질과 개성에 좌우한다는 점 그리고 미국의 혼란은 곧 세계의 혼란을 부채질한다는 점이었다.

편집증적 리더, 트럼프가 미국 민주주의를 어떻게 훼손했는지를 일일이 열거하는 것은 이제 식상한 일이다. 오히려 주목할 것은 미국의 혼란을 틈타 '권위주의 바이러스'가 중유럽과 남미 등 지구촌 곳곳에서 더 기승을 부려왔다는 점이다. 민주주의 국가들이 움츠러들었던 것이 지난 4년의 흐름이었다.

자아도취형 리더 트럼프가 물러가면서, 새 리더의 개성과 성품에 이목이 쏠리는 것은 자연스러운 일이다. 세 번의 도전 끝에 당선된 미국 대통령 바이든의 성품과 세계관은 어떤 특성을 지니고 있는가? 아일랜드계 후예다운 끈기와 집념인가? 베이징의 질문일 것이다. 노동계급 출신다운 격의 없는 담백함인가? 서울, 도쿄, 베를린의 질문이다.

*

바이든 대통령의 성품을 논하기에 앞서, 미국 대통령의 성품과 세계관을 꿰뚫어보고 역사의 흐름을 바꾸었던 사례를 찾아 오래전 얘기로 거슬러 가보자.

50여 년 전인 1968년 미국 대통령 선거는 지난해 11월 선거만큼이나 극심한 내우외환 속에 치러졌다. 당시 5만여 명의 전사자를 내고도 베트남전쟁에서 패색이 짙어지자, 초강대국 미국의 위신은 끝없이 추락하고 있었다. 미국 내부에서는 반전 시위를 하던 대학생들이 주 방위군의 총탄에 맞아 사망하고, 아프리카계 미국인들의 민권운동을 이끌던 마틴 루터 킹 목사가 암살당하는 비극이 이어졌다. 민주당 대통령 후보 자리를 따놓은 듯했던 로버트 케네디의 암살은 위기를 최악으로 밀어넣었다.

극도의 분열과 혼란 속에서 당선된 닉슨 대통령의 개성과 욕망, 성품을 가장 예민하게 읽어낸 인물은 베이징 중난하이에 칩거하던 마오쩌둥이었다. 닉슨이 후보 시절 발표한 외교 에세이 《베트남 이후의 아시아》를 읽고서 마오 주석은 닉슨이 중국과의 관계 개선에 관심이 있음을 알아채고, 관계 부서에 전략 검토를 지시했다.*

닉슨의 에세이에는 '미중 데탕트'에 관해서는 단 한 마디 언급도 없었지만, 마오는 글의 이면에 흐르는 닉슨의 실용주의, 역사를 바꾸려는 야심과 전략적 사고를 알아보았다. 오늘날 세계를 좌지우지하는 G2 시대의 서막은 이렇게 시작되었다.

마오쩌둥은 가고 없지만, 이후로도 정치학자들은 리더의 성품과 개성을 분석하는 방법론을 발전시켜왔다. 그러한 방법론을 따라서, 필자는 리더십 연구자 전진아 연구원과 함께 바이든이 취임사에서 구사한 문장 형식을 분석해 그의 성품과 세계관을 추정해보았다. 내용을 요약하기보다는 연설문에서 구사되는 문장 형식을 분석함으로써 우리는 정치의 본질에 대한 연설가의 관념, 정치의 예측 가능성과 우연의 작용에 대한 인식,

---

* 주재우, 《한국인을 위한 미중관계사》, 경인문화사, 2017년 9월 15일.

그리고 목표를 추구하는 전략과 전술 등을 도출할 수 있다.*

취임사의 문장 형식을 통해 드러나는 바이든의 정치관은 현실주의와 이상주의 어느 한쪽에도 치우치지 않은 '중도'였다. 동시에 그는 타협의 예술로서의 정치의 가능성을 믿는 낙관주의자로 드러났다. 그는 연설에서 "역사는 이상과 추레한 현실의 끝없는 투쟁"이라고 역설하기도 했다.

중도 낙관주의 리더들의 몇 가지 공통적인 특징이 있다. 첫째, 이들은 정치 세계에 영원한 갈등은 없다고 본다. 갈등과 대립은 인간 본성에서 나온다기보다는 상호이해의 부족에서 나온다고 보기 때문이다. 따라서 국가 간 갈등 역시 리더들 간의 오해에서 격발된다고 판단한다. 글로벌 패권을 두고 경쟁하는 중국에게는 일단 긍정적 신호인 셈이다. 또한 미중 갈등의 격화에 노심초사하는 우리에게도 희망의 신호일 수 있다.

*

둘째, 중도 낙관주의자들은 정치 세계에 영원한 갈등은 없다고 보지만, 상대를 다루는 방법은 타협과 견고한 의지를 결합하는 것이라고 믿는다. 갈등보다 타협에 약간 더 무게를 두면서도, 관계가 틀어져 교착 상태에 빠지는 것을

---

* 자세한 방법은 http://profilerplus.org를 참조.

결코 두려워하지 않는다.

요컨대, 바이든의 정치적 심성은 정치 경험이 짧았던 오바마의 소극적 이상주의나 부시의 공세적 현실주의보다 훨씬 복잡하다. 온건하지만 다면적이고, 유연하지만 집요하다.

트럼프 시대의 폐막과 함께 미국 패권의 쇠퇴를 기대하던 패권 숙명론자들은 고개를 숙이게 되었다. 미국 유권자들은 경험이 풍부한 중도 낙관주의 리더를 선택함으로써 미국의 시대가 여전히 유효함을 증명해 보였다.

모두가 미국의 역량과 의지를 슬그머니 의심하던 시점에, 미국인은 권력 정치 세계의 모순과 역설, 그리고 아이러니를 이해하는 리더를 선택했다. 타협과 힘의 구사를 유연하게 병행하는 리더를 내세운 것이다. 바이든 리더십의 출범은 미국의 귀환임과 동시에 '가능의 예술'로서 권력 정치가 제자리를 찾았음을 의미한다.

한동훈 현상,
세대 교체론과 자질론

#1. 역설 하나. 우리 정치에서는 현실이 상상을 앞질러 간다. 필자는 당초 올해 말쯤에나 '한동훈 현상'에 대한 칼럼을 써볼까 생각 중이었다. 하지만 한동훈 현상은 예상을 깨고 이미 현실 정치의 한복판에 서 있다. 한 위원장은 여당 내 힘겨루기뿐만 아니라 제1야당과의 경쟁에서도 중추 역할을 하고 있다. 심지어 4월 총선은 정부 심판론보다 여당 비대위원장에 대한 평가가 우선시되는 특이한 선거가 될 조짐마저 보인다. 새로운 정치 스타의 급부상에 뜨거운 열광과 싸늘한 냉소가 교차한다. '73년생 한동훈'에 대한 지지층의 기대가 폭발하는가 하면 다른 쪽에서는 비판을 넘어선 험한 말들이 쏟아진다.

#2. 이 글의 목적은 한동훈 현상에 대한 찬양이 아니다. 그렇다고 맹렬한 비난에 동참하지도 않을 것이다. 열광과 냉소를 걷어내고 세 가지 관점에서 그 의미를 짚어보려 한다.

①세대교체론: 윤석열 대통령이 산업화 시대 세계관의 마지막 계승자라면, 한동훈 위원장은 탈산업화 세대가 보수정당의 주류로 등장했음을 알리는 신호탄이다.

②자질론: 그는 한국의 교육 체제가 배출한 최상급 인재이다. 뛰어난 문제풀이 능력을 바탕으로 세속적 성공 가도를 밟아온 이 제도권 엘리트가 과연 험난한 정치의 세계에서도 역량을 발휘할 수 있을까?

③민주화 세대 청산론: 그가 여당 리더로 변신하며 내세운 최우선 과제는 이른바 '86 특권 계급'의 청산이었다. 과연 그의 문제 설정에 대해 시민들은 얼마나 지지를 보낼 것인가?

*

#3. 먼저 세대론. 민주화 이후 보수 계열 정당에서 세대교체는 늘 같은 질문의 무한 반복이었다. '누가, 언제 산업화 시대의 세계관과 멘탈리티를 벗어나 새로운 흐름을 만들 것인가?'

이준석 대표 체제의 막간극을 거쳐 윤석열 정부 3년 차를 맞이한 지금, 정부가 산업화 세계관의 마지막 주자라는 점은 명확해지고 있다. 임기 초반의 포부와는 달리, 점차 관료 중심주의와 성장 목표에의 몰입, 수직적 소통에 기대는 모습은 산업화 멘탈리티의 회귀와 다름없다. 그렇다 보니 '술을 전혀 안 하고 대신 커피를 마시는' 신인류 한동훈 위원장이 상징하는 문화적 기호들이 지지층 사이에서 뜨거운 호응을 얻고 있다. 커피, 음악, 옷맵시 등은 단순한 개인 취향을 넘어선다. 그가 보여주는 취향은 곧 구시대의 집단주의와 위계질서, 돌격 정신을 거부하는 것이다.

　오렌지족 리더의 부상에 적지 않은 이들이 당황해하고 있지만, 사실 이들이 사회 곳곳에서 주도적 위치를 차지한 지는 이미 오래다. 기업, 문화예술계, 과학기술계에서 이들 세대는 진작 주류로 자리 잡았다. 다만 기득권의 철옹성이었던 정치권, 특히 정당정치에서만 이들 세대의 주류화가 미뤄져왔을 뿐이다. 결국 윤석열 대통령과 한동훈 위원장의 갈등은 표면적으론 당정 갈등이지만 본질적으로는 오랫동안 지연되어온 정치 세대교체를 둘러싼 시대적 충돌이기도 하다.

*

　#4. 윤 대통령-한 위원장의 갈등(과 봉합)이 빚어내던 만큼의 극적 요소들은 많지 않지만, 필자가 눈여겨보는 지점은 한동훈 위원장의 자질을 둘러싼 논쟁이다. 한편에서

는 그의 군더더기 없는 언어 구사와 상황 요약 능력을 높게 평가하지만, 다른 한편에서는 제1야당에 맞서는 말싸움 실력 외에는 보여준 것이 없다는 냉소적 평가도 뒤따른다.

하지만 자질론의 핵심은 한동훈 위원장의 화려한 경력을 뒷받침해온 역량과 정치 리더로서의 자질이 근본적으로 다르다는 데 있다. 대학입시-사법시험-검찰 요직에 이르기까지 그가 세속적 성공 가도를 달려온 바탕에는 탁월한 문제풀이 능력이 있었다. 법률이나 교육 과정이라는 명확한 준거가 있고, 그 안에서 문제를 빠르고 효율적으로 푸는 것이 그가 검증해온 능력이었다.

반면 정치의 세계에서 리더에게 요구되는 자질은 '문제풀이'와는 전혀 다르다. 문제의 범위가 정해져 있지 않으며, 모범답안이 존재하지도 않는다. 대표적인 사례를 꼽아보자. 인구위기, 사회 양극화, 인공지능의 도전, 기후변화. 이들 가운데 가장 시급한 문제는? 가장 해결이 어려운 문제는? 가장 비용이 많이 드는 문제는 무엇인가?

결국 주어진 문제를 푸는 기술보다 문제의 우선순위를 정하는 능력, 문제를 새롭게 바라보는 능력, 그리고 문제 해결 과정을 유연하게 관리하는 완급 조절 능력이 곧 리더의 자질이다. 이 점에서 한동훈 위원장의 정치적 자질 검증은 현재 진행형이다.

검증의 첫 무대는 이번 총선의 핵심 의제들이다. 한동훈 위원장은 세대교체, 특권 정치 타파, 민주화운동 세력의 청산을 이번 선거의 핵심 과제로 내걸었다. 이러한 문제 설정에 유권자들이 얼마나 호응하느냐에 따라 우리 정치의 방향이 결정될 것이다. 지루하게 이어져온 산업화 세대와 민주화운동 세대의 패권이 마침내 막을 내릴지? 민주화 이후 고착화된 정치 귀족들의 특권화는 멈추게 될지? 그리고 새로운 세계관으로 무장한 세대가 여야 정당의 중심에 서는 시대가 과연 열리게 될지?

내향적인, 너무나도 내향적인 대선

최고의 국경일인 광복절을 이틀 앞두고 드는 감정은 숙연함과 착잡함이다. 수십 년 압제를 넘어 광복을 맞이한 선배 세대의 불굴의 의지는 여전히 경이롭다. 하지만 광복 전후 한반도의 운명을 뒤흔들었던 강대국 정치의 구조가 그때나 지금이나 다르지 않다는 점을 돌아보면 그저 착잡하다. 강대국 정치의 주체가 미국-소련에서 미국-중국으로 바뀌었을 뿐, 그들의 힘겨루기와 그 파장을 감당해야 하는 우리의 운명은 그대로다.

강대국 정치의 소용돌이 속에서 광복절을 맞으며, 필자가 주목하는 현실은 우리 정치의 내향적 흐름이다. 여느 때와 같이 이번에도 대통령 예비선거전을 지배하는 것은 국내 현안들이다. 경쟁 후보에 대한 저열한 네거티브 공세

가 잠잠해지나 싶으면, 뉴스라인을 도배하는 것은 장밋빛
으로 채색된 부동산, 일자리, 복지 정책들뿐이다. 후보들
에게 북핵, 미중 신냉전, 사이버 안보, 한미연합훈련 등은
그저 부차적인 관심사에 지나지 않는다.

*

세계 10위권의 경제국가로 올라선 우리의 시선과 태도
가 내향적으로 흐르든 말든, 냉혹한 국제 정치는 우리 삶
을 내버려두지 않는다. 76년 전 독립운동가들과 평범한 국
민들은 독립을 위해 온 마음과 몸을 바쳤지만, 해방의 형
식은 결국 미국과 소련 두 강대국 권력 정치의 입김에 좌
우되고 말았다.

2차 세계대전에서 40만 명의 전사자를 낸 미국의 루스
벨트 대통령은 일본 제국주의를 분쇄하는 최후의 싸움에
서 소련 지도자 스탈린에게 손을 내밀었다. 유럽 전선에서
1천만 명의 전사자라는 유례없는 희생을 치르며 히틀러를
제압하고 독일 파시즘의 심장 베를린에 먼저 도달한 스탈
린의 군대는, 부리나케 방향을 바꾸어 대일전쟁의 막바지
에 뛰어들었다. 이는 결국 우리의 해방이 남북으로 허리가
잘리는 해방으로 이어지는 통한의 결과로 이어졌다.

2022년 대선이 대외 이슈보다는 국내 현안에 몰두하는 '내향형 선거'로 흐르는 데에는 몇 가지 요인이 작용하고 있다. 첫째, 여야 주요 후보들이 대부분 법률가 출신이라는 배경. 둘째, 후보들의 정책 캠프 안에서 벌어지는 '위대한 대통령 프로젝트 신드롬'이다.

　첫째, 이번 대통령 선거는 여야 구분 없이 법률가 출신 후보들이 압도하는 특이한 양상을 띠고 있다. 선두권 후보들 가운데 다른 길을 걸어온 이는 언론인 출신의 정치인 이낙연 전 총리뿐이다. 여당의 이재명 지사, 야당의 윤석열, 홍준표, 최재형 후보는 모두 법률가로 출발하여 공직과 국제 정치 경험을 쌓아온 후보들이다. 이들이 부상한 데에는 저마다의 배경이 있겠으나, 대외관계의 경험과 지식, 훈련을 쌓을 기회는 공통적으로 거의 없었다고 할 수 있다.

　법률가 출신이 전쟁과 평화의 줄다리기가 끝없이 이어지는 국제 정치의 속성을 체득하기란 쉽지 않다. 구체적으로 말하자면, 우리 삶을 결정적으로 좌우할 미중 경쟁의 본질과 그에 대응하는 전략을 깊이 이해하고 준비하는 일은 법률가 출신들에게는 다소 벅찬 과제다. 결국 주요 후보들은 강대국들이 충돌하는 사나운 바다를 항해해본 경험을 쌓지 못한 채, 5년간 '대한민국호'를 이끌고 거친 바다를 헤쳐가는 선장의 역할을 맡은 처지다.

둘째, 사정이 이렇다보니, 후보들의 정책 수립을 돕는 이른바 '정책 캠프'의 역할에 주목하지 않을 수 없다. 각 후보는 나름의 전문성을 갖춘 전직 외교관과 국제정치학 교수들을 부지런히 충원하고 있다. 그 규모는 캠프들마다 수십 명이 넘는다고 한다.

여기서 필자가 걱정하는 바는 각 후보 캠프에서 벌어지게 마련인 '위대한 대통령 프로젝트 신드롬'이다. 대통령 연구자들은 역대 대통령들이 자신이 역사에 너무 늦게 나타났다고 생각하는 초조함에 시달린다고 주장해왔다. 한국 외교사에는 이미 김대중, 노무현, 이명박 대통령의 큼직한 족적들이 새겨져 있다. 결국 후보들은 전임 대통령들을 뛰어넘을 '통일 대통령'이나 '한반도 평화 정착의 주역'이라는 거대 비전에 배료되기 마련이다.

정책 캠프 내의 충성 경쟁과 무책임성이 더해지면서, 각 캠프는 화려하지만 비현실적인 대외 정책 공약들을 쏟아내게 된다. 올 가을쯤이면 우리는 '비핵개방 3000,' '유라시아 이니셔티브,' '한반도 평화'보다 더 거창한 공약들을 듣게 될지도 모른다. 이러한 상황에서 우리의 국익을 지키기 위한 정책의 연속성과 현실적합성이 들어설 자리는 없다.

물론 민주주의 정치는 근본적으로 내향적인 체제라고 말할 수도 있다. 자유, 인권, 평등을 중시하면서도 이를 지키기 위한 대외적 싸움에는 애써 외면하거나 소심해졌던 것이 글로벌 민주주의의 역사이기도 하다. 하지만 내년 3월 선출되는 대통령은 글로벌 통상 국가이자 미중 경쟁의 한복판에 선 한국을 이끌어 가야만 한다. 후보들이 역사책에 족적을 남기고자 한다면, 화려하고 무책임한 공약을 급조하기보다는, 2000년 남북정상회담, 한미 FTA, 2008년 글로벌 경제위기 앞에서 고뇌하던 전임자들의 번민을 한 번 더 돌아보는 것이 낫지 않을까.

역사의 결절점 앞에 선
한국의 민주주의

역사의 결절점critical juncture이란 역사의 신이 낡은 기득권 세력과 새로운 미래 세력을 판가름하는 결정적 국면을 일컫는다. 100만 주권자의 촛불이 광화문-시청 광장을 온통 뒤덮고 있는 요즘, 우리는 30년 만에 찾아온 민주주의의 중대 결절점 앞에 서 있다. 30년 전인 1987년 6월 권위주의 체제를 종식하고 민주화를 시작했던 그 광장에 시민들은 유린당하고 파탄 난 민주주의를 회복하고 지키기 위해 다시 모였다.

시민들은 한 중년 여인이 청와대·행정부·대기업을 헤집고 다니며 민주주의의 기본 질서와 최소한의 상식을 농락한 현실에 분노하는 데 그치지 않는다. 단순히 분노와 허탈감에 그친다면 밝은 미래는 없다. 뜨겁지만 차분한 마음으로 촛불을 들든 채 옆자리의 낯선 이들과 따뜻한 눈길을 주고받는 연대 속에서, 시민들은 준엄하게 민주주의의 갱신을 요구하고 있다. 대통령의 퇴진이나 정부 형태 개헌 같은 이슈들은 중요하지만, 그것이 궁극적인 지향점은 아니다. 시민들의 궁극적 바람은 망가져버린 20세기형 대의민주주의를 넘어, 대의제 정치와 시민의 일반의지general will가 상시로 교감하는 새로운 유형의 시민정치, 새로운 유형의 정치 플랫폼을 만드는 데 있다.

*

시민들은 일반의지가 반영될 통로로서의 새로운 플랫폼을 요구하고 있지만, 한 줌의 마지막 기득권을 지키기 위해 안간힘을 쓰는 낡은 정치 계급은 이를 이해하지 못하고 있다. 오히려 그들은 지연전략(청와대)과 회피전략(여야 정당) 뒤에 몸을 숨기고 있다. 청와대 참모들과 일부 친박 세력은 이미 시간 벌기 전략에 돌입한 듯하다. 어떻게든 촛불 시위가 잦아들기만을 기다리며, 야당의 혼란 속에서 최악의 국면을 모면하기만을 기대하는 듯하다.

하지만 이런 시간 벌기 전략은 안이하고, 부적절하며, 위험하다. 무엇보다 광화문과 시청 광장에 모여든 촛불 시민들의 의지는 쉽게 꺾이지 않을 것이다. 분노와 흥분을 주체하지 못하는 열렬 시위대라면 그 기세는 오래 가지 않을 수도 있다. 하지만 늘 시위를 주도해온 낯익은 시민단체들이 아니라 몇 시간을 걸어서 혹은 버스에 몸을 실어 수백 킬로미터를 달려온 촛불 시민들의 참여는 오랫동안 억눌러온 주인의식의 표현이기에 결코 쉽게 사그라지지 않을 것이다. 날로 심화되는 청년 실업과 경제적 꿈의 격차 앞에서도 참고 참던 시민들이 주말마다 광장을 메우는 것은, 그만큼 민주주의의 회복과 갱신에 대한 의지가 넓고도 깊다는 증거다.

또한 여야 정당과 국회 쪽에 포진한 정치 계급이 구사하려는 회피전략의 핵심은 '정부 형태 개헌'으로 수렴될 것이다. 이들은 박근혜 정부의 실패를 대통령제라는 제도의 허점에서 비롯된 것으로 프레이밍하려 한다. 즉, 한 개인에게 과도하게 권한이 집중된 대통령제를 내각제나 분권형 대통령제로 고쳐야만 지금과 같은 실패를 방지할 수 있다고 주장하는 것이다.

그러나 이런 방식의 개헌을 추진하는 주체가 대부분 국회의원들이라는 사실은, 이 개헌론의 불순하고도 퇴행적인 본질을 잘 보여준다. 개헌의 이름을 내각제나 이원정부제, 분권형 대통령제, 그 어느 것으로 부르든, 본질은 권력의 중심추를 청와대에서 국회로 이동시키는 데 있다. 그런데 과연 지금의 국회는 대통령제의 실패를 반복하지 않을 만큼 투명하고 개방적이며 시민과 소통이 가능한가?

　우리가 직면한 위기의 본질은 대통령 개인의 실패나 대통령제 제도의 한계에 국한되지 않는다. 권력이 밀실에서 상식으로는 도저히 이해할 수 없는 행태를 반복했음에도, 이를 감지하지도 제어하지도 못한 우리 시스템 전반의 실패이다. 지금의 위기는 대통령제의 실패를 넘어 방대한 조직과 인원을 거느린 채 허수아비 노릇에 그친 정부 조직과 절차의 실패이며, 그 정부를 감시하는 언론, NGO, 전문가 모두의 집단적 실패임을 우리는 인정해야 한다.

*

　총체적 위기 앞에서 여야 정당을 포함한 대의제 정치 세력이 촛불 시민들의 뜻을 모으고 소통할 수 있는 '시민정치 플랫폼'을 내놓지 못한다면, 지금의 이성적이고 평화로운 촛불은 더 거센 불길로 변할 수도 있다. (우리가 종종 들어온 ○○비상시국회의 등으로는 21세기 시민을 지향하는 시민정치 플랫폼을 구축할 수 없다.)

　우리는 지금 양당을 포함한 기득권 정치 전반이 무너져내리는 대혼란으로 향할 것인가, 혹은 제도권 정치와 시민정치가 협치하는 새로운 정치 플랫폼을 정비할 것인가라는 역사적 실험대 위에 서 있다. 과연 이 역사적 분기점에서 우리는 새로운 미래 세력과 리더를 만날 수 있을까?

혼란과 판단 착오, 아집이 뒤엉킨 기득권 정치 안에서 과연 우리는 미래 리더를 만날 수 있을까?

너무도 다른, 두 대통령의 임기 말

'결국 품성이 당신의 운명이다Character is your destiny'라는 헤라클레이토스의 오래된 격언이 우리 정치를 알 수 없는 곳으로 휩쓸어 가고 있는 이때, 필자는 뛰어난 품성을 바탕으로 성공한 대통령 반열에 오른 버락 오바마 대통령의 에피소드 하나를 떠올리게 된다.

2008년 가을, 미국 대선이 뜨겁게 달아오르던 무렵, 촌음을 아껴 써야 할 민주당 오바마 후보는 오후 3시쯤이면 커다란 운동가방을 둘러메고 수행보좌관 한 명만 대동한 채 체육관 안으로 사라지곤 했다. 경호원들이 건물 전체를 차단하는 일이 거의 매일 반복되자, 언제나 소문에 목마른 워싱턴 정가에서는 그 한 시간이 오바마 후보가 '비선 실세'를 만나 선거전략을 의논하는 시간이라는 풍문이 널리 퍼졌다.

나중에 명확히 확인된 바로는, 당시 오바마 후보는 대선 레이스의 중압감을 견디기 위해 매일 한 시간씩 수행 보좌관과 단둘이 농구를 하며 스트레스를 달랬던 것이다. 살인적인 스케줄과 중압감 속에서도 한 시간씩 운동을 하는 여유, 그리고 가장 정상적이고 실질적인 방법으로 스트레스를 해소하는 오바마의 품성은 훗날 8년간 굵직굵직한 업적과 더불어 임기 말까지 높은 지지율을 유지한 대통령으로 남게 된 원동력이 되었다.

　　물론 오바마에게도 비선에 가까운 조력자가 있었던 것은 사실이다. 대통령 출마 여부부터 모든 중대사를 함께 의논하는, 가족과도 같은 밸러리 재럿이 그 주인공이다. 오바마는 대통령 취임 후 그녀를 아예 백악관 특별고문으로 임명하며, 공식적인 의논 상대로 격상시켰다.

*

　　요즘 우리는 비선실세 논란으로 충격에 빠져 있으며, 우리 민주주의의 제도화 수준과 운영 능력 자체에 대해 깊은 회의에 젖어 있다. 필자가 오바마 대통령의 사례를 꺼낸 것은 미국 민주주의의 세련됨과 우리 정치의 참담한 현실을 도식적으로 비교하기 위함이 아니다. 200여 년간 대통령제의 정교한 절차를 숙성시켜온 미국에서조차, 선출된 권력으로서 대통령의 성패는 결국 제도적 장치보다 품성에 의해 좌우된다는 사실을 오바마의 8년이 입증하고 있기 때문이다.

흑백 혼혈이라는 소수자로 태어나 아버지로부터 버림받고 갖은 심리적 콤플렉스를 가졌을 법한 오바마 대통령은, 그 시련을 넘어 역대 어느 대통령보다도 정신적으로 강인하고, 건전하고, 균형 잡힌 품성을 지닌 것으로 평가받는다.

탁월한 품성이 그를 성공으로 이끈 비결은 두 가지였다. ①사물을 이해하고 판단하는 데 있어서의 뛰어난 균형감과 더불어 자신의 역할과 역사적 위치를 상대화하는 능력 ②개인적 친분 관계라는 편안함의 유혹을 떨치고 후보 시절부터 모든 의사결정을 공개적이고 투명한 절차에 따라 진행했다는 점.

*

이제부터 우리는 가파르고 험악한 하산길에 접어든 박근혜 정부의 위기 수습 과정을 지켜보며 우울·분노·좌절을 경험하게 될 것이다. 하지만 이러한 감정이 우리 공동체를 피폐하게 만들도록 내버려두기보다는 우리 정치를 바꾸어 나가는 반전의 계기로 삼는 것이야말로 이성적 시민의 길이다. 오바마 대통령의 성공 사례를 통해 우리의 실패를 반추할 뿐만 아니라 동시에 새로운 미래를 설계하는 이정표로 삼아야만 한다.

당장은 곤경에 빠진 박근혜 정부를 향해 대통령의 탈당, 비상내각의 구성 등의 요구가 쏟아지겠지만, 동시에 우리는 오바마의 성공 사례를 거울삼아 차기 리더들을 심도 있게 검토하는 계기로 삼아야 한다.

먼저 대통령 품성의 문제. 예를 들자면 우리는 이렇게 물어야만 한다. 반기문 유엔 사무총장은 수십 년 관료생활로 단련된 조심성과 신중한 결정의 습관을 넘어서, 결정적 국면에서 빠르고 담대한 결단을 내리는 품성을 보여줄 수 있는가? 문재인 전 민주당 대표는 노무현 전 대통령의 거대한 그늘에서 벗어나 자신만의 독자적인 비전으로 대한민국호를 이끌려는 의지와 독립심을 충분히 갖추고 있는가?

또 다른 이슈는 우리의 정치 문화를 고려할 때 예비 후보의 캠프의 정책 결정 방식이 대통령 취임 이후에도 크게 변하지 않을 가능성이 크다는 점이다. 따라서 지금부터 우리는 이렇게 물어야 한다. 이미 수백 명의 전문가를 끌어모은 문재인 캠프의 정책 결정 과정은 우리 사회의 변화 흐름을 기민하게 따라잡을 만큼 충분히 수평적이고 개방적인가? 안철수 전 국민의당 대표는 의사결정 과정에서 참모들의 의견에 귀 기울이는 편인가? 혹은 회의 시간 대부분 혼자 발언하고 있지는 않은가?

예비 대선후보들은 표류하는 박근혜 정부에 대한 날 선 비판 못지않게 이 질문들에 분명하고 떳떳하게 답할 수 있어야 한다. 그 길만이 시민들의 깊은 좌절과 허탈감을 달래고 다시 희망을 꽃피우는 길이다.

대통령과 국민의 '가상' 대화

역대급 물난리로 윤석열 대통령의 지지율은 조금 더 하락할 수도 있다. 지지율은 단순한 숫자가 아니다. 윤 대통령뿐 아니라 현대의 모든 대통령들이 통치를 끌어가는 데에 있어 가장 중요한 자산이 지지율이다. 이것이 충분하면 대통령은 선출된 제왕과 같은 힘을 얻기도 하고, 부족하면 레임덕으로 주저앉을 수 있다.

임기 초반부터 이례적 상황이 벌어지다 보니 윤 대통령과 참모들이 당황하고 있지만, 결국 해법은 대통령에게 달려 있다. 지지율 만회를 위해 대통령들이 흔히 취하는 전략은 민심의 현장으로 직접 달려가는 것인데(going to the public), 아직 대통령실에서 체계적인 움직임은 보이지 않고 있다.

이에 필자는 오늘 대통령과 국민 사이의 가상 토론회를 열어보고자 한다. 화가 난 민심은 윤 대통령에게 어떤 이야기를 하고 싶을까? 또 윤 대통령은 성난 민심에 대해 어떤 자기변호를 할 수 있을까?

두 가지 주제에 집중해보자. 첫째는 대통령의 리더십 실종 사태에 대한 시민들의 우려와 그 답변으로서 '탈제왕적 대통령 프로젝트.' 둘째는 인사 문제를 통해 드러난 윤 대통령의 경직된 법치주의와 그에 대한 민심의 실망.

*

1. 민심: "청와대 이전 자체는 괜찮은 결정이었다. 하지만 공간 이전과는 별개로 대통령실이 내각과 여당, 대통령실 사이의 역할을 조율하는 리더십을 발휘하지 못하고 있다. 게다가 윤 대통령이 여당의 자중지란에서 자유롭지 못하다는 점이 지지층마저 돌아서게 하는 방아쇠가 되었다. 또한 내각은 '5세 취학 학제 개편'의 섣부른 추진에서 보듯 어설픈 정책으로 시민의 혼란과 불안을 낳고 있다. 결국 최종 조율자인 대통령의 리더십에 대해 중도층마저 의구심이 커지고 있다."

윤 대통령: "그 문제에 대해 저는 좀 답답하기도 하고 억울하기도 합니다. 많은 시민들께서 아시다시피 우리 민주주의의 최대 문제는 대통령의 제왕적 권력입니다. '청와

대 정부'라는 말이 나올 정도로 대통령실이 모든 권력을 틀어쥐고 정부의 세세한 일에 개입하면서 효율성과 책임성, 헌법정신 등이 훼손되어왔습니다. 특히 지난 정부에서 청와대 직원들의 무책임한 전횡이 극에 달했다는 점은 국민들께서도 잘 아시리라 믿습니다.

그래서 저는 공간적으로나 심리적으로 국민과 동떨어져 있는 청와대를 이전하고, 제왕적 대통령제로부터의 탈피를 추진해왔습니다. 대통령실 인원을 자발적으로 크게 줄인 것은 잘 알고 계실 겁니다. 이렇게 해서 대통령실의 개입 여지를 줄일 뿐만 아니라 내각의 장관들에게 정책 자율성을 폭넓게 부여하려 노력하고 있습니다. 예컨대 법무부의 이민 정책의 추진 검토처럼 내각에서 자율적으로 잘 해내는 일들도 있지 않습니까?

저뿐만 아니라 우리 모두가 제왕적 대통령제의 낡은 관습에서 벗어나는 과정은 결코 쉽지 않을 것입니다. 지금의 정책 혼선도 탈제왕적 대통령을 향해 가는 과정에서 벌어지는 일시적인 혼선이라는 점을 널리 이해해주시면 좋겠습니다."

민심: "제왕적 대통령실의 탈피라는 명분에는 공감한다. 그렇다면 이제라도 제왕적 대통령제 탈피의 로드맵을 상세히 제시하고 그 과정에서 당과 정부, 대통령실의 새로

운 관계도 투명하게 밝혀야 한다."

*

2. 민심: "교육부총리 사퇴에서 보듯 국민들이 윤 대통령에게 갖는 기대가 무너진 결정적 원인은 인사 난맥이다. 단지 검찰 출신 인사들이 많다거나 전문성이 부족한 인물들이 덜컥 기용되는 차원을 넘어선 심각한 문제들이 있다. 공정과 상식, 법치주의를 내세웠던 대통령이 인사청문회를 거치지 않은 채 몇몇 장관들을 임명하는 과정은 실망스러웠다. 이런 사례들이 형식적으로는 법의 테두리 안에서 이뤄졌다 하더라도 국민들은 납득하기 어렵다.

국민들은 대통령과 국민 사이에 법과 절차를 바라보는 인식의 격차가 매우 크다고 느끼고 있다. 100여 일을 겪어 보니 윤 대통령의 법치주의는 한 마디로 경직된 고체固體 법치주의에 머물러 있다. 법과 절차의 형식적 요건만 갖추면 할 일을 다 했다는 듯한 대통령의 태도에 국민들은 깊이 우려한다. 그래도 법과 절차 자체가 송두리째 망가졌던 전임 정부에 비해서는 지금이 낫지 않느냐는 윤 대통령의 무심한 발언을 접할 때 국민들은 절망감마저 느끼게 된다."

윤 대통령: "저의 정제되지 않은 발언들이 국민께 큰 걱정을 끼친 점에 사과드립니다. 100일을 지내보니 대통령이라는 자리가 자칫하면 고립되기 쉬운 자리라는 생각

이 듭니다. 그렇다 보니 저 스스로가 오랜 세월동안 굳어진 사고방식과 행동양식을 바꾸기가 쉽지 않겠구나 하는 점도 절실히 느낍니다.

저를 한 번 더 믿어주십시오. 제가 검사 신분에서 국민들의 선택을 구하는 대통령 후보로 변신했을 때 국민들께서 저를 믿어주셨습니다. 이제부터 경직된 법치주의를 넘어 유연한 법치주의로, 그리고 널리 민심을 들어 전문성과 공감 능력을 갖춘 인재를 발탁하겠습니다.”

민심: “가상으로나마 대화를 나눈 것에 의미를 둔다. 앞으로는 직접 대화를 통해 서로의 이해가 넓어지길 기대한다.”

대담

한국 현대 정치사 회고

장훈

공희준

홍희경

1987년 '8인 정치회의'를 아시나요?

선거철마다 발에 차이는 게 정치인들이 급조해 내놓는 각종 회고록과 자서전이다. 이토록 정치인들의 회고록과 자서전이 차고 넘치는 나라에서 정치학자들의 개인적 경험과 소회가 담긴 책은 서점가에서 찾아보기가 어렵다. 이는 한국의 정치학자들이 지극히 중립적이고 객관적인 성격이어서일까?

그건 아닐 테다. 우리나라 정치학자들이 물밑에서는 여의도 정치권에서 마당발로 유명한 내로라하는 직업 정치인들 못지않게 바삐 돌아다니고 있음은 정치학계에서는 비밀 아닌 비밀이다.

정통 정치학자인 장훈 중앙대학교 명예교수는 양지에서는 너무나 멀고, 음지에서는 너무나 가까운 정치와 정치학자의 거리를 상식과 균형에 걸맞게 조정해야만 한다는 문제의식을 오래전부터 품어왔다. 정치와 정치학자의 거리를 적정하게 설정하려는 노력은 홍희경 작가와 공희준 정치 컨설턴트와 함께 진행한 3인 대담으로 가시적 결실을 맺게 되었다.

김영삼과 김대중, 전두환 정권의 6개월 연장에
동의하다

공희준(이하 '공'): 1987년 6월 항쟁의 성과물로 대통령 직선
제가 부활했습니다. 아울러 김영삼(YS)과 김대중(DJ)으
로 대표되는 야당 정치인들이 오랜 탄압과 박해에서
벗어나 제도권 정치의 전면에 다시금 등장했습니다.
군부의 퇴조와 민간 정치 세력의 약진에 담긴 의미는
무엇이었을까요?

장훈(이하 '장'): 한국 민주화의 성격을 둘러싸고 많은 정치학
자들이 오랫동안 논쟁을 벌여왔습니다. 저는 영국과 프
랑스의 정당정치를 주제로 학위 논문을 썼기 때문에 6
월 항쟁이 벌어지던 무렵에는 아쉽게도 한국 민주주의
에 관한 심층적 연구를 수행하지 못했습니다. 유학을
마치고 귀국한 다음에야 비로소 심도 깊은 연구를 하게
됐습니다. 연구를 진행하는 과정에서 여러 국내외 학자
들이 발표한 다양한 문헌들을 살펴봤는데 저는 당시 진
보 진영의 주류적 시각과는 다소 다른 결론을 내리게
됐습니다. 87년의 민주화가 지극히 제한적 민주화라는
것이 그즈음 진보 진영의 주류적 시각이었습니다.

공: 진보의 주류는 어떤 이유에서 87년의 민주화를 제한적인 민주화로 여기게 됐나요?

장: 1987년 12월에 실시된 제13대 대선에서 전두환의 후계자인 노태우가 당선된 사실이 그와 같은 시각에 가장 큰 영향을 미쳤다고 분석할 수 있습니다. 게다가 원조 쿠데타 세력의 일원인 김종필이 그해 대선에서 얻은 표수를 노태우의 득표수에 합산하면 총투표수의 45퍼센트에 육박했습니다. 민주화 세력에 대한 지지가 압도적으로 우위에 있다고 보기 어려운 상황이었습니다. 노태우가 대통령 직선제 수용을 골자로 하는 '6·29 선언'을 발표한 이후 넥타이 부대의 대부분은 사무실로 돌아가 다시 펜대를 잡았습니다. 서울 같은 대도시의 중산층이 생업 현장으로 복귀하면서 시위 열기도 누그러졌습니다. 이를 계기로 정치의 중심이 길거리에서 협상 테이블로 이동하게 됐습니다. '8인 정치회의'가 출범했기 때문입니다. 노태우의 여당에서 4명이 참여하고, 김영삼과 김대중의 야당에서 역시 4명이 참여해 총 8명으로 구성된 회의체였습니다.

공: 그곳에서 개헌 협상이 진행됐나요?

장: 헌법 개정을 비롯한 중요한 정치 일정이 8인 회의에서 논의·결정됐습니다. 8인 회의에서는 굉장히 중요한 합

의에 도달했습니다. 대선이 치러지는 1987년 연말까지의 정치 질서를 전두환이 관리하는 것에 대한 암묵적 양해가 이뤄진 것입니다. 1987년 무렵의 민주화 세력은 다양한 참여자들로 구성됐습니다. 전두환 정권이 그해 연말까지 유지되는 데 양김(김영삼, 김대중)이 동의하자 학생 운동권과 재야인사들을 중심으로 엄청난 반발이 일어났습니다.

하지만 민주화를 실질적으로 이끈 인물은 결국은 양김이었습니다. YS와 DJ가 전두환 정권이 국가 권력을 잠정적으로 관리하는 것에 동의한 바람에, 학생들과 재야는 민주화로의 이행 작업이 근본적 한계에 직면했다고 인식할 수밖에 없었습니다.

그런데 이걸 김영삼과 김대중의 한계로 단정할 수는 없습니다. 학생운동과 노동운동이 민주화 투쟁에 동력을 제공한 건 사실이었습니다. 그런데 민주화 세력과 군부 세력 사이에 힘의 균형 상태, 즉 교착 상태가 발생하자 넥타이 부대로 불리는 중산층이 민주화 세력 쪽으로 힘이 쏠리도록 일종의 캐스팅 보트 역할을 했습니다. 이 넥타이 부대는 학생 운동권이나 재야 세력과 달리 군부의 즉각적 퇴진 같은 급진적이고 전면적인 변화까지 바라지는 않았습니다. 대통령 직선제 부활과 김대중의 정치적 해금 같은 일들이 민주화 운동 진영과 중산층 유권자들 간의 현실적인 최대공약수였습니다. 다수의 정치학자들은 1987년의 국면에서 이 최대공약수 이상으로 나아가지 못한 사실에 대해 오랫동안 비판적 입장을 견지해왔습니다.

공: 전두환 정권이 6월에 끝나지 않고, 대선이 있던 12월까지 사실상 유지된 것도 그러한 최대공약수의 부산물일 수 있겠네요.

장: 그러한 수준에서 타협과 절충이 이뤄진 셈입니다.

공: 절차적 민주주의의 외관을 두른 절충적 민주주의로 생각됩니다.

장: 제한적 민주주의Limited Democracy로 평가하는 것이 타당하겠죠. 역설적 사실은 제한적 민주주의로 출발한 나라들의 상당수가 이후 정치적 안정과 경제성장 같은 과제들을 오히려 더 성공적으로 이루었다는 점입니다. 반면에 루마니아처럼 체제를 화끈하게 때려 부순 나라는 되레 침체와 답보를 거듭했습니다.

공: 체코가 체제 변동을 더디게 이뤄냈다면 루마니아는 차우셰스쿠 부부를 즉결 처형한 사건에서 보듯 전광석화였습니다. 하지만 지금은 체코의 길과 루마니아의 길 가운데 어느 쪽이 더 바람직하고 합리적인 선택이었는

지는 이미 판단이 내려진 분위기입니다.

장: 중부유럽에서는 체코가, 중남미에서는 브라질이 한국과 비슷한 경로를 밟아왔습니다. 반대로, 아시아의 필리핀은 그야말로 확 갈아엎는 선택을 되풀이해왔습니다.

공: 필리핀은 가히 영구 혁명을 연상시킬 정도로 끝없이 갈아엎었음에도 독재자 마르코스와 부정부패의 화신 이멜다 부부 사이에 태어난 아들이 돌고 돌아 대통령이 됐습니다.

장: 그 나라가 본래 정치적 토대와 경제적 기반이 얼마나 튼튼했는지가 민주주의의 지속적 안정과 활력 있는 발전에 커다란 영향을 미치기 마련입니다. 동시에 민주화의 전개 양상 또한 민주화 이후의 민주주의에 중요한 요소로 작용해왔습니다. 그런데 우리나라에서는 적잖은 식자들이 민주화의 전환 방식이 민주화 이후의 민주주의에 끼치는 영향력을 간과하곤 했습니다.

공: YS와 DJ는 그해 겨울의 대통령 선거에서 승리할 수 있다는 확신이 있었기 때문에 전두환의 권력이 반 년 가량 연장되는 일에 동의한 게 아닐까요?

장: 여전히 베일에 가려져 있지만 저는 미국이 민주화 세력과 군부 세력이 6개월간의 과도적 완충기에 합의하는 데 적잖은 역할을 했을 거라고 짐작합니다.

공: 미국의 레이건 행정부가 전두환 정권에 대한 유무형의 압박을 가했다는 사실이 훗날 알려졌습니다. 그리고 DJ의 경우에는 미국 안에 만만찮은 인맥을 구축하기도 했고요.

장: 김대중 전 대통령은 미국에서 망명생활을 했습니다. 이희호 여사는 미국에서 유학생으로 공부했었기 때문에 영어에 능통했습니다. 1987년에 미국이 한국에서 했던 역할에 관해서는 더 많은 연구가 필요해 보입니다. 그와 관련된 새로운 문서들도 계속 공개·발굴될 테고요.

공: 미국이 87년 하반기에 한국의 과도기 체제가 안정적으로 유지될 수 있도록 보증인 역할을 했던 건 분명해 보입니다. 다시 한국 사회의 동향으로 초점을 이동하도록 하겠습니다. 넥타이 부대가 사라지자 곧이어 1987년 여름을 뜨겁게 달군 노동자 대투쟁이 벌어졌습니다. 변혁의 주체가 화이트칼라 사무직에서 블루칼라 생산직으로 바뀌는 듯한 구도였습니다.

장: 87년의 노동자 대투쟁은 한국 현대사의 중대한 분기점을 이루는 사건이었습니다. 그런데 노태우의 6·29 선언으로 여야가 전두환 정권의 시한부 지속에 합의한 현실 정치의 지형을 당장 바꾸는 데는 역부족이었습니다.

8인 정치회의가 '평화적인 합의 개헌'을 이뤄내

공: 제가 이듬해에 대학에 들어갔는데 대학가에서는 직전 해에 전개된 노동자 대투쟁의 의의를 굉장히 높이 평가하는 분위기였습니다. 그렇지만 그때 한 가지 궁금증이 일었습니다. 노동자들은 왜 6월까지는 비교적 잠잠히 있다가 7월에 되어서야 거리로 나왔을까 하는 점이었습니다. 지식인들은 화이트칼라를 기회주의적 성향이라고 성토하는데, 노태우가 비록 조건부이기는 했을지언정 항복을 선언한 다음에 투쟁을 시작한 블루칼라들이 외려 더 기회주의적이지 않느냐 하는 게 그때 제가 품은 의문이었습니다. 물론 선배들 눈치 보느라 차마 입 밖으로 발설하지는 못한 질문이었습니다.

장: 6월에도 블루칼라들은 투쟁의 대열에 동참해 있었습니다. 다만 화이트칼라들과 비교해 상대적으로 관심과 조명을 받지 못했을 뿐이었습니다. 1989년의 노동자 대투쟁은 성과 없이 끝난 투쟁이 아니었습니다. 새로 개정되는 헌법의 노동관계 조항들은 그 흔적과 영향을 남겼기 때문입니다. YS와 DJ 중에서는 후자가 더 진보적이고 노동자 친화적이었습니다. 따라서 노동계는 자신들의 요구를 상도동보다는 동교동으로 많이 가져갔는

데, DJ는 그들의 요구사항을 전부 수용할 수는 없는 입장이었습니다. 그러한 DJ의 입장을 이해하는 사람들은 비판적 지지자로 남았고, 이해하지 못하는 사람들은 다른 선택을 하게 됐습니다.

공: 선명한 민중 후보를 표방한 백기완 후보를 지지하는 쪽으로 갔던 것으로 기억됩니다.

홍희경(이하 '홍'): 사무직 노동자들이 거리에서 일터로 되돌아간 이유는 어디에 있을까요?

장: 6·29 선언이 사무직들을 회군시킨 핵심적 요인으로 보입니다. 그전까지는 전두환이 7년 전인 1980년처럼 군대를 동원해 무력 진압에 나설지도 모른다는 공포감이 시중에 널리 퍼져 있었습니다. 그러나 6월 29일이 되자 '1980년의 전두환'은 다시 나타나지 않을 것이라는 안도감을 국민에게 주었습니다. 6월 29일을 분수령으로 그동안 한국 정치를 시계제로 상태에 빠뜨렸던 불투명한 요인들이 정리됐습니다. 정치의 예측 가능성이 크게 올라갔습니다.

공: 어떤 중요한 사안들이 확정됐나요?

장: 크게 세 가지만 말씀드리면 첫째는 김대중의 완전한 법률적 복권이었습니다. 둘째는 대통령 직선제의 부활이었습니다. 셋째는 연내에 대선이 치러진다는 사실이

었습니다. 그런데 그 중요성에도 불구하고 대중의 기억에서 사라진 일이 있습니다. 앞에서도 잠깐 언급된 '8인 정치회의'의 출범이었습니다.

공: 회의의 주요 구성원들로는 어떤 분들이 계셨나요?

장: 가장 먼저 소개하고 싶은 인물은 이중재 신민당 부총재입니다.

공: 이중재 부총재가 야당에서 보기 드문 경제통으로 언론에 보도된 게 저도 희미하게나마 기억납니다.

장: 이종구 전 의원이 이중재 부총재의 아들입니다. 제가 생전에 이중재 부총재를 만나서 8인 정치회의에 관한 말씀을 몇 차례 들었습니다. 그는 DJ의 대리인 자격으로 회의의 일원이 됐습니다. 8인 정치회의에서는 대통령 직선제 개헌을 위시해 국회의원 선거 제도를 포함한 여러 정치 관계법들까지 전방위로 다뤘습니다. 헌법재판소 부활도 이 회의에서 최종 결정됐습니다. 현행 헌법에 들어간 주요한 내용의 거의 전부가 여기에서 논의되고 정리됐습니다.

공: 그 8명이 대한민국 헌법 제8차 개정안, 곧 소위 '87년 체제'의 기초자들이네요. 미국에서 말하는 건국의 아버지들(Founding Fathers)이요. 그럼에도 8인 정치회의에 대한 체계적 연구 작업이 사실상 전무한 현상이 참

아이러니합니다.

장: 학계와 언론 모두가 게으른 탓입니다. 발로 뛰지 않고 편하게 앉아서 취재하고 연구만 하려고 합니다. 지금 〈시사저널〉 발행인으로 있는 전영기 중앙일보 전 논설위원 정도만이 8인 정치회의의 역할을 심층적으로 취재한 바가 있습니다.

공: 교수님 말씀을 들으니 우리가 진짜 중요한 것들을 너무나 무신경하게 흘려보냈다는 생각이 뼈저리게 듭니다. 8인 정치회의가 현재 보수가 즐겨 찾는 국가조찬기도회나 진보가 때만 되면 의지하는 원탁회의와 견주어 우리 사회의 발전에 훨씬 더 의미 있고 긍정적인 발자취를 남겼으니까요. 그런데 영원한 비대위원장 김종인 위원장의 회고록인 《영원한 권력은 없다》를 보면 자기가 87년 헌법을 다 만든 것처럼 말씀하셨습니다.

홍: 실제로는 명왕성인데 스스로는 태양계의 중심인 태양이라고 주장하는 격입니다.

공: 전 세계 어느 나라에서든 자아가 비대해야만 직업 정치인으로 성공할 수 있습니다.

홍: 저는 여기에서 심각한 의문이 들었습니다. 만약에, 정말 만약에 윤석열 전 대통령이 무모하게 12·3 비상계엄을 선포하지 않고 야당에 8인 정치회의 같은 국정

운영 협의체를 진정성을 갖고서 제안했으면 어땠을까요? 그러한 포용적이고 통합적인 국정 운영을 했다면 지금처럼 비참하게 몰락하지는 않았을 테니까요.

장: 윤 전 대통령에게 그건 너무 많은 것을 기대하는 것 같습니다.

공: 2025년판 8인 정치회의의 멤버로 '김건희도 포함하자'는 아이디어를 냈으면 윤석열이 이를 100퍼센트 수용했을 것 같습니다.

한국은 리더십에 큰 영향을 받은 민주화

86 세대가 대한민국 제도 정치권 생태계의 명실상부한 최상위 포식자로 등극했다. 일인지하 만인지상의 자리인 국무총리에는 서울대학교 학생회장 출신의 김민석 총리가, 국회에서 압도적 다수 의석을 점유하고 있는 집권 여당인 더불어민주당의 당대표직에는 미국 대사관 점거 사건으로 옥고를 치렀던 정청래 대표가 각각 포진하고 있다. 김 총리와 정 대표를 위시한 86 세대의 화려한 출세에는 군부 권위주의 정권 시대에 벌였던 반독재 민주화 투쟁 경력이 결정적 발판이 되었음은 물론이다.

민주화 운동으로 겪은 고초와 수난만 따지자면 동교동계와 상도동계 정치인들 앞에서 86 운동권 출신 정치인들은 그야말로 양민에 불과할 수도 있다. 그럼에도 동교동과 상도동계 정치인들에 대한 현재의 평가는 야박하다 못해 아예 없다시피하다. 김대중과 김영삼 두 정치적 거인 옆에서 오랜 세월 동안 풍찬노숙을 했던 인사들에 대한 폄하와 망각은 과연 공정하고 합리적인 평가일까?

갈등 구조가 다양하면 대표 구조도 다양해야

공: 자신이 만들어낸 몽매하고 허구적인 가상의 세계에서 여전히 헤매고 있는 윤석열에게 슬기로운 정치생활을 기대하는 것은 애당초 실현 불가능했던 바람으로 보입니다. 최강욱 전 의원의 주장에 따르면 김건희 씨는 그나마 나름대로 현실 세계에 살고 있다고 하는데, 문제는 그 현실 세계가 오로지 물질로만 이뤄진 세계라는 점입니다. 윤석열과 김건희 부부의 머리에서 우리나라 헌정사에서 처음이자 마지막으로 합의 개헌을 이뤄낸 8인 정치회의 같은 탁월한 구상이 나왔을 리 만무합니다.

장: 이중재는 DJ가 매우 신뢰하는 인물이었습니다.

공: 요즘 대선주자들 같았다면 경제통인 이중재 대신 최측근인 권노갑 고문 같은 인사를 8인 정치회의에 보냈을 게 분명합니다. 측근 대신에 경제 전문가를 중요한 정치 협상장에 내보낸 점이야말로 김대중의 지도력과 통찰력이 얼마나 탁월했는지를 웅변합니다. 그렇지만 양김이 후보 단일화에 실패하고 노태우가 어부지리로 당선되면서 YS와 DJ는 거의 역적 취급을 당했습니다. 정치 9단 소리를 들어온 양김이 1987년 대선에서 왜 질

게 뻔한 싸움을 벌였을까요?

장: 13대 대선의 승패는 김영삼과 김대중 두 사람이 독자 출마를 강행하면서 사실상 결정된 것 같은 분위기였습니다. 한국에서 대통령 선거를 비롯한 모든 선거는 기본적으로 구도 싸움이기 마련입니다. 후보 단일화는 선거 구도를 가르는 중요한 요소로 오랫동안 자리매김 해왔습니다.

공: 박성민 민기획 대표님은 정반대 주장을 펴왔습니다. 1987년에 단일화가 불발됐기 때문에 김영삼과 김대중이 그 후에 차례로 대통령에 당선될 수 있다는 게 박 대표님 분석입니다. 저는 권력의지의 중요성을 강조한다는 측면에서 그러한 진단에도 충분한 일리가 있다고 생각합니다. 더욱이 단일화에도 불구하고 패배했다면 그 충격과 실망이 더 심했을 거라 봅니다.

장: 단일화 실패의 여파는 아무리 강조해도 지나치지 않습니다. 저는 여기에 또 한 가지 요인을 추가하고 싶습니다. 전두환 정권의 위기는 정치에서 비롯된 위기이지 경제로부터 기인한 위기는 아니었다는 점입니다. 분배를 중시하는 관점에서는 동의하기 어려운 얘기일 수도 있겠지만, 전두환 정권 후반기에 한국의 경제 상황은 전반적으로 나쁘지 않았습니다. 경제가 순조로운 기반

위에서 대선이 치러진 사실은 집권당 후보였던 노태우에게 유리한 조건으로 기능했습니다. 5공 유형의 권위주의 체제의 위기는 정치적 불확실성에서 싹트는 경우가 많습니다. 전두환은 임기를 마치고 퇴임하겠다는 교과서적 입장 발표 외에는 구체적 정치 일정을 제시하지 않았습니다. 이러한 불확실성은 전두환을 정점으로 하는 집권 세력에게 자칫 심각한 정치적 위기로 이어질 수도 있는 부담으로 작용했습니다.

이와는 대조적으로 전두환이 임기를 마치고 물러난다는 사실은 민주화 운동의 에너지를 가일층 증폭시켰습니다. 동시에 YS와 DJ에게는 반드시 대선에 출마해야 한다는 강력한 동기를 부여했습니다. 그러한 기대는 김영삼과 김대중 지지로 나뉘어 있던 그 무렵의 유학생 사회마저도 들썩이게 했습니다.

공: 단일화는 실제로는 김영삼으로의 단일화를 함의했습니다. DJ에게는 마치 기울어진 운동장처럼 불공정하게 느껴질 법했습니다.

장: 그러한 부분까지 염두에 둔다면 노태우 진영에서는 양김의 단일화가 결국은 되지 않으리라고 충분히 낙관할 만했습니다.

공: 단일화에 맞서서 DJ 측에서 꺼내든 회심의 카드가 '4지

필승론'이었습니다. 노태우, 김영삼, 김대중, 김종필 네 사람이 전원 출사표를 던지면 영남표는 노태우와 김영삼으로 갈라지지만, 호남표는 김대중에게 오롯이 쏠리기 때문에 DJ가 승리할 수 있다는, 나름 솔깃한 논리였습니다.

홍: 박성민 대표 주장처럼 87년 대선에서의 득표율 순서대로 YS와 DJ가 나중에 차례로 대통령이 된 데 따른 부작용과 후유증이 있습니다. 역대 대통령들이 후계자를 제대로 키우지 못한 일입니다. 그로 인해 직전 선거의 낙선자가 재수 또는 삼수를 불사하면서까지 대선에 출마하는 게 관행으로 자리 잡았습니다.

공: 당내 경선까지 포함한다면 이제 대선에서 재수는 필수가 됐습니다.

홍: 재수는 물론이고 심지어 삼수마저 관례처럼 돼버린 탓에 새로운 인물과 새로운 정책이 출현하기가 매우 어렵게 됐습니다. 현직 대통령이 자신과 코드가 맞는 후계자를 키우는 일도 금기처럼 돼버렸고요. 새로운 인물이 혜성처럼 등장하지도 못하고, 새로운 인물을 체계적으로 키우지도 못하는 상황이 우리나라 민주주의를 적잖이 후퇴시키고 있다는 생각을 저는 요즘 들어 자주 하게 됩니다.

장: 우리나라 정당은 선거 출마자를 주도적으로 배출하지 못하고 있습니다. 후보가 당을 억지로 끌고 가는 양상이었습니다. 특히 보수정당은 스스로 후보를 만들어내는 역량을 상실했습니다. 대선후보를 외부에서 습관적으로 영입하는 실정입니다. 이명박도, 박근혜도, 윤석열도, 김문수도 전부 외주로 데려온 후보이기는 매한가지였습니다. 지금의 국민의힘과 견주면 민주당이 상대적으로 자생력과 연속성이 있었습니다.

홍: 민주당도 문재인 대통령을 기점으로 대선후보 아웃소싱 성격이 뚜렷해졌습니다.

공: 1987년 대선을 계기로 단일화는 우리나라 각급 선거에서 상수가 됐습니다. 언론과 학계와 시민단체는 정책과 비전이 중요하다고 말하는데, 저는 그렇게 말하는 당사자들조차 과연 진심으로 이를 믿고 있는지 의문스럽습니다. 단일화의 유령이 선거판을 배회하지 않았다면 대한민국 정치는 지금 어떻게 달라졌을까요? 좋아지면 좋아졌지, 나빠지지는 않았을 텐데요.

장: 단일화 프레임은 우연의 산물이 아니었습니다. 제도와 조건이 낳은 자연스러운 결과물이었습니다. 단순 다수 대표제에서는 단 한 표 차이라도 무조건 일등만 차지하면 권력을 독식할 수 있습니다. 결선 투표가 도입된다

면 이러한 상황은 당연히 상당히 바뀔 테지요.

21세기 한국은 단수 다수 대표제 하나로 모든 것을 담기에는 지역으로든, 계층으로든, 세대로든 이미 너무 복잡하고 다변화된 사회가 되었습니다. 갈등 구조가 다양해지면 대표하는 구조도 다양해져야 하는데 현실은 그렇지 못합니다. 다양한 갈등 구조에 조응하는 다양한 대표 구조가 이제는 절실하게 필요합니다. 제도는 단순 다수 대표제이건만, 실제 사회적 갈등 구조는 전혀 단순하지가 않으니 이 때문에 선거 때마다 후보가 난립하기 쉽습니다. 이런 선거 구도에서는 기민하고 영리하게 연합을 하는 후보의 승률이 압도적으로 높아질 수밖에 없습니다. 만약에 결선투표제가 시행되고 있었다면 단일화를 추동하는 압박이 훨씬 더 약해졌겠지요.

홍: 단일화는 항상 인물 중심으로 돌아가는 모양새였습니다. 이념과 가치에 바탕을 둔 연정과 협치가 빈번히 강조돼왔음에도 불구하고 성공적으로 이뤄진 경우를 찾아보기가 힘듭니다. 이를테면 안철수가 후보 단일화를 위해 중도에 사퇴하면 안철수가 몸담은 당은 아예 사라지고 마는 식이었습니다. 이상적인 모델로 자주 언급되곤 하는 독일식 연정은 그야말로 머나먼 남의 나

라 이야기일 뿐이었습니다.

장: 연정이 원활하고 성공적으로 작동하려면 참여하는 정당들 사이에 정책적 친화성이 전제되어야 합니다. 하지만 한국적 후보 단일화는 원칙 없이 선거의 승리만을 목표로 하는 정치공학적 이합집산에 불과할 따름이었습니다. 그러나 독일식 모델을 과도하게 이상화할 필요는 없습니다. 독일의 현재 정치지형은 2차 세계대전 이후 미국이 주도해 수립한 전후 질서의 산물이기 때문입니다.

미국은 전쟁에서 승리한 다음 다수의 사회과학자를 패전국인 독일에 자문역으로 보내 독일의 정치 지형을 어떻게 재편할 것인지를 연구·자문하도록 했습니다. 승전국 미국이 중점을 둔 일은 독일에서 나치당과 같은 파괴적 세력이 압도적 다수를 얻을 가능성을 제도적으로 방지하는 데 있었습니다. 그래서 고안한 제도가 선거에서의 득표율과 의회에서의 의석 점유율이 정확히 연동되는 시스템이었습니다. 이런 시스템이 오랫동안 유지될수록 수많은 정당들이 명멸할 수밖에 없었습니다. 그러자 독일이 조용히 대응에 나섭니다. 첫 번째는 비례대표 의석의 배분 기준을 높이는 조치였습니다.

공: 검색해보니 전국적으로 5퍼센트의 득표율을 기록한 정당들에게만 비례대표 의석을 배분해왔다고 하네요. 5퍼센트면 굉장히 높은 진입장벽입니다. 우리나라였으면 개혁신당조차 의석을 할당받지 못했습니다.

장: 독일인들이 채택한 두 번째 대응 방안이 바로 연정이었습니다.

공: 소련은 독일을 동서독으로 나누는 데 만족했지만, 미국은 독일을 비스마르크에 의해 통일되기 이전 중세 시대의 봉건적인 할거 체제로 돌려놓으려고 시도했네요. 정말 독하면서도 지능적입니다.

홍: 미국이 독일에서 실현을 꾀했던 혼란스러운 다당제가 이탈리아에서는 구현됐습니다.

장: 미국의 전후 전략은 유럽에서는 독일을, 아시아에서는 일본을 견제하는 게 핵심이었습니다.

공: 소련과의 냉전이 아직 본격화되기 전이지 않았나요?

장: 냉전이 본격화된 이후, 독일과 일본은 소련의 진출을 막는 방파제 또는 기지 역할을 담당하게 됩니다. 그렇지만 미국은 독일과 일본의 힘을 억제하는 일도 더불어 지속했습니다,

홍: 일본의 경우에는 왕권을 제약하려면 유력한 정당이 대두해야만 하지 않았을까요?

상도동계와 동교동계에 대한 평가는 너무 야박해

공: 논의의 범위가 세계사 층위까지 확장되고 있네요. 아쉽지만 1980년대 후반의 한반도 남쪽으로 도로 돌아가야 할 것 같습니다. 1988년 봄에 치러진 13대 국회의원 총선거는 전해 12월에 실시된 대통령 선거의 연장전 같은 판도로 진행됐습니다. 1노 3김이 재격돌했기 때문입니다. 그 결과는 3김, 특히 김대중과 김영삼 양김의 화려한 부활이었습니다. 대선에서 패배한 후 불과 넉 달 만의 극적인 재기였습니다. 무엇이 두 사람의 기적적 생환을 가능하게 했을까요?

장: 8인 정치회의에서의 가장 격렬히 다퉜던 쟁점들 가운데 하나가 유신 체제에서 도입된 2인 선거구제를 유지하느냐, 야당이 요구하는 1인 선거구제를 채택하느냐의 문제였습니다. 그런데 야당, 즉 양김의 의사가 의외로 수월하게 관철됐습니다.

공: DJ가 평화민주당을 창당해 독자 출마를 강행하기 이전의 일이었으니 여당이었던 민정당 측에 협상의 확실한 가이드라인이 없었던 듯싶습니다.

장: 87년 체제의 특징은 유신 체제와의 최대한 차별화겠다는 것이었습니다. 국회의원 선거제에서도 그러한 원칙

이 적용됐습니다. 그 결과로 대통령 직선제와 국회의원 소선거구제를 양축으로 하는 87년 정치 체제의 큰 틀이 완성됐습니다. 이때 관철된 국회의원 소선거구제가 양김이 권토중래하는 토대 역할을 해줬습니다.

공: 민정당은 소선구제 아래에서도 압승할 수 있다는 자신감이 있었다는 뜻인데, 여당의 그러한 계산은 이듬해 봄에 치명적 판단착오로 판명됐습니다.

장: 민정당이 승산을 과신했습니다.

공: 제가 대학에 들어와 보니까 당시의 캠퍼스에서는 노태우 못잖게 김대중의 동교동계와 김영삼의 상도동계를 기회주의적 보수 정치 집단으로 싸잡아 매도하고 있었습니다. 사회 변혁의 장애물로 맹렬하게 성토했습니다. 지금 돌이켜보면 동교동계와 상도동계 정치인들이 여러모로 한계는 많았을지언정 동네북처럼 두들겨 맞아야 하는 부정적 일색 존재들로 생각되지는 않습니다.

홍: 상도동계와 동교동계 모두 오늘날에는 희미한 흔적만이 남았습니다. 상도동계는 김무성 전 의원 정도만이 활동하는 중이고, 동교동계는 김민석 국무총리와 추미애 의원 정도가 후예로 분류됩니다. 그분들 개개인의 개성이 강하고 존재감이야 뚜렷하지만, 동교동계와 상도동계 인사들은 역사의 뒤안길로 사라진지 이미 오래

입니다.

장: 동교동계와 상도동계는 친문, 친명, 친윤 등과 같은 현재의 정치적 계파들과는 결을 크게 달리했습니다. 무엇보다도 김대중과 김영삼이라는 카리스마적 권위를 지닌 정치 지도자들이 동교동계와 상도동계를 각각 이끌었습니다. 그러므로 한국의 민주화는 개인의 리더십에 큰 영향을 받는 민주화가 되었습니다.

동교동계와 상도동계는 정치집단이기 이전에 반독재 민주화 투쟁의 깃발 아래 모인 운동조직이었습니다. 그럼에도 학생 운동권과 종교계 또는 언론과 노조 같은 다른 분야들에 비해서 대단히 야박한 역사적 평가를 받아왔습니다. 우리는 그들이 제도권 정치인인 동시에 반독재 민주화 투사였음을 기억할 필요가 있습니다.

노태우 정부 관리 능력의 재평가가 필요하다

정권이 바뀌면 인수위와 함께 특검도 출범하는 것이 시나브로 대한민국 현실 정치의 뉴 노멀이 되고 말았다. 문제는 특검이 한바탕 휩쓸고 지나간 자리에는 새싹이 나기는커녕 머잖아 그때 그 사람들이 다시 은근슬쩍 돌아온다는 점이다. 노태우 정부도, 김영삼 정부도, 김대중 정부도 특검과 나란히 출발하지 않았다. 그럼에도 의미 있는 역사적 변화와 혁신을 착실히 일궈냈다.

노태우는 정권을 잡은 후 대선 경쟁자들을 사법 처리하는 일에 나서지 않았다. 김대중, 김영삼, 김종필은 헌정사 최초의 여대야소를 만들어내고도 즉각적인 정권 타도 투쟁에 착수하지 않았다. 장훈 교수는 군부 정권에서 민간 정부로의 전환이 순조롭게 진행된 데는 노태우 정부의 빼어난 관리 능력이 있었다는, 우리 사회에서 오랫동안 금기처럼 기피되온 불편한 진실을 서슴없이 거론했다.

유럽식 정치 모델의 무조건적 추종은 옳지 않아

홍: 동교동계와 상도동계는 군사독재 정권이라는 적을 공유했습니다. 주적 개념이 동일했습니다. 그런데 친문, 친윤, 친명은 누가 적이고 누가 동지인지 피아 관계의 구분이 명확하지가 않습니다.

공: 계파 단위만 놓고 봤을 때는 한국 정치의 수준이 발전하기는커녕 도리어 후퇴했다는 징후가 역력합니다. 투박하게 인쇄된 종이 당보 뿌리며 다니던 시절과 견주어 다들 손에 휴대전화기 들고 다니는 지금, 정치인들도 지지자들도 오히려 수준이 퇴보했습니다.

장: 정치가 퇴보한 인상을 주는 일차적 원인은 김대중과 김영삼을 뒤이을 빼어난 정치 지도자가 등장하지 못한 데 있습니다.

공: 대장이 지질해지니 부하들도 덩달아 지질해졌습니다.

장: 양김의 리더십은 하루아침에 뚝딱 만들어지지 않았습니다. 30년이 훌쩍 넘는 기나긴 시련과 고난을 거치며 완성됐습니다. 김대중과 김영삼이 현실 정치의 공간에서 퇴장한 다음에는 두 사람의 그것에 필적하는 경험치와 단련의 과정을 가진 리더가 나타나지 않고 있습니다.

공: 지금은 30년은커녕 3년만 정치권에 몸담아도 구태라고 손가락질을 당합니다.

장: YS와 DJ처럼 오랜 풍상을 겪으며 훈련되고 다듬어진 다음에 대통령 자리에 오르는 인물은 앞으로 나오기 어렵습니다. 비범한 리더 밑에서 비범한 참모가 출현하기 마련입니다. 리더가 비범하지 않으니 참모와 측근들도 비범하지 않은 게 당연하겠지요.

공: 윗물이 맹탕이면 아랫물도 맹탕입니다.

장: 거인들의 시대는 김대중과 김영삼을 끝으로 막을 내렸다고 봐야 합니다.

공: 제13대 총선으로 탄생한 '민주정의당, 평화민주당, 통일민주당, 신민주공화당'의 4당 체제는 황금 분할로 불리며 정치의 생산성과 효능감을 한껏 높였습니다. 우리나라 의회 정치의 황금기였습니다. 그런데 빛이 밝은 만큼 그늘도 짙었습니다. 영호남 대결로 상징되는 지역주의 구도가 확실히 고착됐ㄴ기 때문입니다.

장: 한 나라의 정치 지형은 그 사회의 사회적 갈등 구조를 반영하기 마련입니다. 민주화 초기에 우리나라에서 사회적 갈등 구조의 중심축을 이룬 게 지역주의 구도였습니다. 저는 김대중과 김영삼을 망국적인 지역주의의 주범으로 몰아가는 시각에 동의하지 않습니다. 두 사

람이 정치를 주도하는 때는 지역주의를 대체할 수 있는 보다 선진적인 갈등 구조가 아직 출현하지 못했기 때문입니다.

일례로 노동자의 정치 세력화에 기반한 진보정당이 정치의 주축으로 자리 잡기에는 아직 시기상조였습니다. 이념적 스펙트럼에서 중도보수 정도에 자리한 양김이 경쟁의 장을 주도하다 보니 지역주의 구도가 정치적 갈등 구조의 핵심으로 기능하게 됐습니다. 지역주의의 뿌리를 면밀하게 따지자면 박정희 정권이 채택한 불균등 산업화 전략에서 찾아야 옳습니다. '영남 우선-호남 소외'의 박정희식 경제개발 정책이 지역주의 정치 구도의 모태로 평가돼야 합니다. 일부 학자들은 지역주의가 지배적 모순이 된 탓에 건전한 정책 경쟁이 실종됐다고 주장하는데, 이는 한국 사회의 시대적 여건을 고려하지 않은 분석으로 보입니다.

공: 1층도 아직 완전히 짓지 않았는데, 왜 2층을 올리지 않느냐고 독촉하는 격이네요.

장: 첫째로, 김영삼과 김대중 사이에는 어마어마한 이념적인 거리나 노선상의 간극이 존재하지 않았습니다. 따라서 두 사람 사이에 학자들이 생각하는 수준의 정책적 차별성이 생기기 어려웠습니다.

둘째로, 우리나라 지식인 사회의 일각에는 서유럽 모델을 지나치게 높이 평가하는 흐름이 존재해왔습니다. 그분들은 서유럽을 한국이 궁극적으로 지향해야 할 좌표로 설정했습니다. 그로 말미암아 그분들은 우리나라도 서유럽이나 북유럽 나라들처럼 보수정당과 진보정당이 정치의 양대 축을 형성하는 정당 체제로 나아가야 한다고 주장해왔습니다. 하지만 간과하지 말아야 할 부분이 있습니다. 서유럽 사회가 19세기 말부터 20세기 초엽에 겪었던 1차 민주화는 노동자 계급의 전면적인 정치적 세력화와 병행했다는 사실입니다. 우리와 달리 유럽은 노동자 계급의 정치 세력화가 사회의 민주화와 동전의 양면 관계를 이룬 덕분에 보수정당과 진보정당의 정책 경쟁이 정치의 주요한 갈등 기제로 자연스럽게 정착될 수 있었습니다. 서유럽 역사에 내장된 그와 같은 사회경제적 코드가 한국의 민주화 과정에는 탑재되지 못했습니다.

한국과 서유럽의 역사적 연원과 전개 양식이 명백히 다름에도 김영삼의 상도동계와 김대중의 동교동계를 향해 왜 선명한 이념과 체계적 정책을 내놓지 못하느냐고 닦달하는 일은 공정하지 못합니다. 서구 중심의 경험과 사례를 우리나라에 기계적으로 적용하려는 시도이기 때문입니다. 한국 민주화의 경로와 계기와 방식이 서구의 그것들과 분명히 다른데 유럽 모델이 우리나라에 원형 그대로 고스란히 이식될 수 있다고 믿는 건 매우 경직된 사고이자 대단히 단선적인 역사관일 수 있습니다.

공: 강준만 전북대학교 명예교수가 초기에 집필한 책들의 내용을 읽어보면 조선일보 비판이 절반이고, 진보좌파 학자들 비판이 나머지 절반이었습니다. 조선일보 비판은 언론 개혁 차원의 비판이었습니다. 그럼 진보좌파 학자들은 어째서 강준만의 표적이 되었느냐? 그들이 3김 청산을 주야장천 외쳤기 때문이었습니다. 3김이라고 하지만 당시에는 YS가 대통령인 시절이었으니 실제론 DJ 퇴진에 주안점이 두어졌습니다. 김대중 탓에 지역주의가 가일층 강화되고 있다면서요.

장: 지역주의 구도의 책임을 양김에게 전적으로 전가하는 것은 과도한 처사였습니다.

노태우 정부는 민주화 이후에 가장 저평가된 정부

공: 시곗바늘을 다시 몇 년 앞으로 되돌려보겠습니다. 노태우 정부는 군사 정권과 민간 정부의 과도기 성격을

띠고 출발했습니다. '반군반민'의 노태우에게 전두환의 5공을 청산하는 작업은 양날의 검이었습니다. 노태우 대통령이 전두환의 후계자이면서 동시에 청산인 역할을 하게 된 배경과 의도는 뭐였을까요? 노태우는 굉장히 복합적인 캐릭터인지라 아직도 제대로 된 입체적 조명이 이뤄지지 않은 느낌이 듭니다.

장: 저는 노태우 정부 초기에 공교롭게도 한국에 있지 않았습니다. 외국으로 유학을 떠난 상황이었습니다. 그러나 노태우 정부가 민주화 이후에 등장한 역대 정부들 가운데 가장 저평가된 정부라는 느낌만은 지울 수 없습니다.

대한민국 헌정사 최초의 여소야대 구도였던 4당 체제는 집권 세력 입장에서는면 매우 곤혹스러운 정치 지형이었습니다. 그렇지만 노태우 정부는 4당 체제에서 정권의 존립을 흔들 만한 사건 없이 무난하게 국정을 운영해갔습니다. 더욱이 노태우 정부 집권기는 국제적으로 냉전 체제가 해체되는 격동의 시기였습니다. 노 정부는 냉전 체제의 붕괴라는 세계 질서의 도전에 대해 '북방 정책'이라는 전향적인 외교 노선으로 적극 응전해나갔습니다.

1987년 대선에서 노태우와 김종필의 합계 득표수를

고려하면 한국이 안정적인 민주주의 국가의 대열에 진입했다고 단언하기는 일렀습니다. 유권자의 절반 가까이가 민주화에 반대하거나 부정적인 후보자들, 곧 노태우와 김종필에게 표를 주었기 때문입니다. 그 무르고 연약한 민주주의 체제가 노태우 정부를 거치며 연착륙함으로써 이후에 김영삼 정부와 김대중 정부가 차례로 탄생할 수 있었습니다. 저는 군부 권위주의 시대에서 민간 정치인이 이끄는 민주 정부 시대로의 전환과 이행이 매끄럽게 이뤄지도록 해준 노태우 정부의 관리 능력이 이제는 재평가를 받아야 한다고 봅니다. 그렇지만 현실에서는 노태우 시대가 마치 짧고 하찮은 막간극쯤으로 취급돼왔습니다.

공: 노태우 대통령은 취임 첫해인 1988년 7월 7일에 '민족자존과 통일번영을 위한 특별선언', 약칭 '7·7 선언'을 발표됐습니다. 이 선언의 작성 작업을 실제로는 이홍구 당시 국토통일원(현 통일부의 전신) 장관이 주도한 것으로 알려졌습니다. 7·7 선언은 그 내용의 파격성과 진취성 때문에 커다란 반향을 일으켰습니다. 이 선언을 북한을 겨냥해 발표한 또 다른 6·29 선언이었다고 해석할 수 있을까요?

장: 학자로서 이홍구 총리의 주요 연구 분야는 정치사상입니다. 그럼에도 그는 노태우 정부의 초대 국토통일원 장관으로 임명되기 오래전부터 남북한의 통일과 관련된 문제들을 연구해왔습니다.

공: 외교와 안보가 그분의 주된 전공이었나요?

장: 그렇지는 않습니다. 이 총리의 박사학위 논문의 제목은 〈사회보전의 공리와 정치발전〉입니다. 일본 메이지 유신 시대의 근대화 과정을 탐구한 논문이었습니다. 이 총리의 회고에 따르면, 그는 학자 시절부터 김영삼과 김대중 두 야당 지도자와의 친분이 두터웠다고 합니다. 그래서 장관에 취임한 다음에도 노 대통령의 양해 아래 양김과 꾸준히 소통을 이어갔다고 합니다. 그 덕분에 7·7 선언은 여야의 경계를 초월하는 폭넓은 사회적 합의 기반을 확보할 수가 있었습니다.

홍: 남북한의 연방제를 지향하겠다는 뜻이 7·7 선언에 함의돼 있었나요?

장: 본격적인 연방제 수준까지는 나아가지 않았습니다. 느슨한 국가연합 정도를 장기적으로 염두에 두었다고 말할 수 있습니다.

공: 제가 의아한 부분이 있습니다. 전두환과 노태우는 12·12와 5·18이라는 크나큰 역사적 업보를 안고서 권

력을 손에 넣었습니다. 원죄를 안고 정권을 차지했기 때문에 집권한 다음에는 최대한 착하게 보이려 노력했습니다. 그러자면 노태우 정부가 출범하기 전까지는 자기들끼리 호흡이 척척 잘 맞아야만 했습니다. 반면 명색이 검찰 조직에서 오랫동안 한솥밥을 먹었다는 윤석열 전 대통령과 한동훈 전 국민의힘 대표 두 사람은 정권 재창출이란 목표도 아직 달성하지 못한 상태에서부터 서로 잡아먹지 못해 안달하는 기색이었습니다. 민간인인 윤과 한의 정치적 역량은 어째서 군인인 전과 노만도 못했던 걸까요?

장: 선거로 야당을 이기려고 생각하기보다 야당 정치인들의 사법 리스크에만 의지한 탓이 크겠죠.

공: 제가 윤석열 정권의 행태를 목도하면서 노태우 전 대통령을 조금은 긍정적인 방향으로 재평가하게 됐습니다. 노태우는 대통령 선거에서 승부를 겨뤘던 경쟁자들을 검찰과 경찰 같은 사법기관을 동원해 제거하려고 시도하지는 않았습니다. 1987년 대선이 끝나고 김대중 평화민주당 총재와 김영삼 통일민주당 총재, 김종필 신민주공화당 총재가 검찰과 법원을 들락거리지는 않았거든요. 지금 생각하면 정말 의외의 상황이었습니다. 노 대통령은 어째서 대선 후에 3김에 대한 사법 처

리를 꾀하지 않았을까요? 그때는 정권이 검찰과 경찰은 물론이고 법원까지 확실하게 장악했던 시절이었거든요.

감사의 글

필자가 쓰는 글은 홀로 책상 앞에 앉아 있던 시간들의 산물이지만, 동시에 수많은 인연 속에서 숙성된 결실이기도 하다. 그 인연들 덕분에 이 책이 만들어졌다. 제일 먼저 떠오르는 분은 김명자 카이스트 이사장님이다. 평소 필자에게 과분한 격려와 관심을 보내주시던 김명자 이사장님은 칼럼집을 책으로 만들어 더 많은 독자들과 만나보라고 강력히 권유하셨다. 부드럽지만 일관된 김 이사장님의 강한 격려에 힘입어 소심한 필자가 이 책을 엮는 용기를 내게 되었다. 김 이사장님과 더불어 ISF 삼금회 작은 모임에서 이 책에 보내주신 지원과 응원에 감사드린다.

이 책은 필자가 지난 10년 〈중앙일보〉에 기고했던 칼럼을 모으고 다듬은 내용이 뼈대를 이루고 있다. 초등학생 시절부터 매일 아침 신문을 읽으며 자란 필자가 〈중앙일보〉에 '장훈 칼럼'이라는 기명 칼럼을 쓴 일은 더 없는 기쁨이었다. 원고 마감이 다가올 때마다 원고를 다듬고 또 다듬느라 머릿속이 하얘지곤 했지만, 글 쓰는 모든 이들이 그러하듯 그 시간들은 행복한 시간들이었다.

짧은 않은 기간 동안 필자에게 〈중앙일보〉의 귀한 지면을 마련해주신 홍석현 회장님, 이하경 대기자님, 박장희 대표이사님, 이현상 논설주간님께 깊은 감사의 말씀을 드린다. 외부 칼럼니스트와 신문사 관계자들의 통상적인 관계를 넘어 다양한 주제로 나누었던 수많은 대화들이 필자의 시야를 넓히고 풍부하게 해주었다. 그때의 숱한 대화들이 이 칼럼들 속에 녹아들어 독자들에게 전해지기를 희망해본다.

책의 후반부에 실린 회고 대담은 공희준 작가님과 홍희경 논설위원님 두 분의 너그러운 협력 덕분에 가능한 프로젝트였다. 때이른 교수직 퇴임을 하고 난 후, 스스로 민주주의 연구 30년을 정리하는 작업을 모색 중이었던 때에 두 분은 흔쾌히 대담의 상대역을 맡아주셨다. 지난해 한여름 더위 속에서 나누었던 열한 차례의 대담은 뜨거운 우정과 소통과 배움의 시간이었다.

아울러 생면부지의 필자의 글을 꼼꼼히 다 읽어보고 난 연후에 책으로 만드는 작업을 흔쾌히 받아준 권정민 대표님의 호의에 감사드린다. 필자의 글들이 성실하면서도 예리한 편집

기획인의 손길을 만난 것은 최고의 행운이 아니었을까.

끝으로 함동주 교수의 고마움을 적어두고 싶다. 지난 40여
년 인생의 봄, 여름, 가을, 겨울을 함께 겪으며 변함없는 지지
와 응원을 해준 그에게 한없는 감사를 드린다.

2026년 3월,

장훈